Joseph Rackl

**Die Reisen des Venetianers Alvise da Ca da Mosto an der Westküste Afrikas (1455 u. 1456)**

Joseph Rackl

**Die Reisen des Venetianers Alvise da Ca da Mosto an der Westküste Afrikas (1455 u. 1456)**

ISBN/EAN: 9783742863546

Hergestellt in Europa, USA, Kanada, Australien, Japan

Cover: Foto ©Andreas Hilbeck / pixelio.de

Manufactured and distributed by brebook publishing software (www.brebook.com)

Joseph Rackl

**Die Reisen des Venetianers Alvise da Ca da Mosto an der Westküste Afrikas (1455 u. 1456)**

# Die Reisen des Venetianers Alvise da Cà da Mosto an der Westküste Afrikas (1455 u. 1456).

## Inaugural-Dissertation

zur Erlangung der Doktorwürde

der hohen philosophischen Fakultät

der

Friedrich-Alexanders-Universität Erlangen

vorgelegt von

**Joseph Rackl**

aus Altmannstein.

Tag der mündlichen Prüfung: 22. Juli 1898.

NÜRNBERG.

Kgl. Bayer. Hofbuchdruckerei G. P. J. Bieling-Dietz.

1898.

Von allen Küstensäumen Afrikas ist der nach Westen schauende, der atlantische, der Menschheit am längsten verschlossen geblieben. Ja, heute noch, trotzdem gerade in der zweiten Hälfte unseres Jahrhunderts seitens zahlreicher Forschungsreisenden die anerkennenswertesten Versuche zur Aufhellung jener Gestade und ihrer Hinterländer gemacht worden, — trotzdem jahraus jahrein Tausende den verschiedensten Nationen angehöriger Dampf- und Segelschiffe längs der Westseite jenes Erdteils verkehren, harren dort noch ausgedehnte Strecken selbst der unmittelbarsten Küstengebiete einer gründlichen Erforschung und genauen Beschreibung. Es finden sich aber auch nirgends jene berüchtigten typischen Verhältnisse Afrikas in plastischer, hydrographischer, klimatischer und politischer Beziehung, welche ihm die Bezeichnung des plumpsten und unzugänglichsten, sowie des ungesundesten und unkultiviertesten Erdteils eingebracht haben, so hochgradig ausgeprägt, als auf seiner atlantischen Seite.

Gleichwohl sollen, wie uns Herodot in seinem Geschichtswerke (Buch IV, 42), freilich nicht ohne eigenen Vorbehalt, berichtet, schon um 600 v. Chr. phönizische Seeleute auf Befehl des ägyptischen Königs Necho vom roten Meer aus um das afrikanische Festland herum und durch die herakleischen Säulen wieder nach Ägypten zurückgefahren sein, so dass sie also auch von der ganzen Westküste Afrikas Kenntnis erhalten haben mussten; — gleichwohl scheint nicht lange darauf (470? v. Chr.) auf seiner bekannten Kolonisationsreise der punische Feldherr Hanno, wie wir seinem in griechischer Übersetzung auf uns gekommenen Reiseberichte („περίπλους") entnehmen, an der Mündung des Lixos (Wadi Draa) und am Kap Bojador vorüber bis zum Senegal (Krokodilfluſs) und grünen Vorgebirge, ja vielleicht bis Sierra Leone (Insel Sherboro, $7^1/_2^0$ n. Br.) gelangt zu sein[1]). Aber diese verhältnismäfsig so frühe erlangte Bekanntschaft mit dem afrikanischen Westrande wurde weder von den Ägyptern, noch selbst von den seekundigeren und näher wohnenden Karthagern ausgenützt oder weiter entwickelt, sondern ist für die Menschheit gänzlich ohne Früchte geblieben und schliefslich der völligen Vergessenheit anheimgefallen. Denn je mehr die Karthager bald ihre gesamten Kräfte zum freilich vergeblichen Widerstande gegen die römische Weltherrschaft zusammenzufassen genötigt waren, um so tiefer und undurchdringlicher senkte sich neuerdings über jene wenig anlockenden und lohnenden Küstenländer ein dunkler Schleier hernieder, der erst zwei Jahrtausende später wieder gelüftet werden sollte.

Wenn auch die Araber später, etwa seit dem 9. Jahrhundert n. Chr., aus religiösen, wie kommerziellen Interessen von Osten und Norden tief in das Innere Afrikas eindrangen und daselbst ungeheure Ländergebiete eroberten, so erstreckte sich doch ihre Schiffahrt an der atlantischen Küste dauernd höchstens bis Safi (circa $33^0$ n. Br.), obwohl sie zuweilen vielleicht das Kap Bojador erreicht haben mögen.

Erst das beginnende 15. Jahrhundert sollte jenes »Zeitalter der grofsen Entdeckungen« herbeiführen, welches zunächst das hartnäckige, seitdem nie mehr aufgegebene Bestreben, gerade das über die afrikanische Westküste ausgebreitete geheimnisvolle Dunkel zu lichten, in den Vordergrund rückte, und das an Forschungseifer und kühnem Wagemut, wie an Erfolgen sogar unsere für die Aufhellung noch unbekannter Erdräume so opferbereite Zeit weit übertraf.

---

[1]) Da Hanno am äufsersten Ende seiner Fahrt drei grofse weibliche Affen fing, die er für behaarte Menschen hielt und Gorillas benannte, so entstand das Mifsverständnis, als sei er bis in die Heimat der heute »Gorilla« genannten Affenart gelangt. Da letztere aber nur zwischen $0^0$ und $15^0$ südl. Br., jedoch nicht an der Küste selbst vorkommt, so vermutet du Chaillu (»adventures in Equatorial Africa, London 1861), in der von Hanno beschriebenen Affenart nicht unseren heutigen Gorilla, sondern den Tschimpanse (Troglodytes niger.) Vergl. Peschel, Gesch. d. Erdk. pag. 23 A. 4.

Aber, wenn sich bei der Ausführung dieser Aufgabe, wie allgemein bekannt, die Portugiesen höchsten, unvergänglichen Ruhm erwarben, wenn sie durch grofsartige Entdeckungen ihrem kleinen Lande wenigstens 1$^1/_2$ Jahrhundert lang eine stolze, ehrfurchtgebietende Stellung unter den europäischen Staaten verschafften, so dürfen wir doch nicht vergessen, dafs es seeerprobte Italiener waren, die ihnen »die Waffen dazu schmiedeten«, d. h. die bis dahin noch so ziemlich aller nautischen Kenntnisse ermangelnden Portugiesen, wie Spanier, erst im Seewesen und Schiffsbau unterrichteten und so teils mittelbar, teils unmittelbar zur Gründung der mittelalterlichen portugiesischen See- und Welthandelsmacht beitrugen.

Denn mit dem zunehmenden Verfall der politischen Macht der Araber war alle Schiffahrt auf dem Mittelmeer allmählich auf die durch ihre günstige geographische Lage, wie durch den Unternehmungs- und Handelsgeist ihrer Bewohner rasch emporgeblühten Republiken Genua, Pisa und Venedig übergegangen. Italienische, namentlich genuesische Schiffe unterhielten nachweisbar schon seit 1169 [1]) die lebhaftesten Handelsverbindungen zwischen Italien und dem bedeutsamen maurischen Emporium Septa [2]) an den herakleischen Säulen, welches bereits im 13. Jahrhundert als Ausgangspunkt für alle Unternehmungen an der Westküste Afrikas auftritt [3]); vermutlich seit der Mitte desselben Jahrhunderts, jedenfalls seit 1273 [4]) bestand auch schon zwischen

---

[1]) Theobald Fischer, Sammlung mittelalterlicher Welt- und Seekarten italienischen Ursprungs und aus italienischen Bibliotheken und Archiven. — Venedig, Ferdinand Ongania, 1886, pag. 10.

[2]) Ursprünglich die römische Kolonie ad septem fratres, das heutige Ceuta, das wichtigste der spanischen Presidios in Nordafrika.

[3]) Nach Theob. Fischer, loco cit., pag. 11 hatten sich noch vor Schlufs des 13. Säkulums die regelmäfsigen Seefahrten der Italiener bereits bis zum Kap Nun ausgedehnt.

[4]) Zufolge einer in den Abhandlungen der Münchener Akademie der Wissenschaften, phil.-hist. Klasse Bd. XVIII. 1875 p. 142, von G. M. Thomas mitgeteilten Urkunde v. J. 1273. — Peschel gibt 1318 als das Jahr an, in welchem zuerst venetianische Schiffe mit Spezereien in Antwerpen erschienen seien, und auch die Genuesen zuerst den Seeweg nach Flandern eingeschlagen hätten; er stützt sich auf das Zeugnis Ludovico Guicciardinis (Descrittione di tutti i Paesi Bassi. Anversa 1567, pag. 119).

Venedig und dem gewerbreichen Flandern ein unmittelbarer, mehr und mehr florierender Seeverkehr, der auf der atlantischen Seite die Zwischenstationen Cadiz, Lissabon, Corunna (Colonne), Sluis (Schiuse), Brügge berührte und urkundlich schon 1306 bis England (Southampton oder Antona) reichte[1]).

Insbesondere Lissabon wurde bald wegen seines günstig gelegenen, sicheren Hafens die bedeutendste Raststation der italienischen Flandernfahrer, so dafs, wie Peschel in seiner »Geschichte des Zeitalters der Entdeckungen« anführt, damals zuweilen mehr als 450 Segel, ungerechnet die Tejokähne, seine Rhede bevölkerten. Da beschlofs König Diniz (Dionysius) III. (1279—1325), die für den Seehandel so herrliche Lage seines Landes selbst auszunützen und zu diesem Zwecke seine bisher durchaus kontinentalen Unterthanen zu Seefahrern ausbilden zu lassen. Nach einer noch heute erhaltenen Vertragsurkunde[2]) nahm derselbe 1317 den Genuesen Emmanuel Pessagno in seine Dienste, dem später noch viele andere seekundige Italiener nach Portugal folgten, welche gegen ganz bedeutende Privilegien und materielle Vorteile die Portugiesen im Seewesen unterrichteten und den Bau einer nach und nach auf 200 Schiffe anwachsenden Flotte betrieben.

So finden wir zur Zeit des unter dem Namen »der Seefahrer« bekannten Infanten Heinrich (1394—1460), João's I. jüngsten Sohnes, welcher sich die Entschleierung des afrikanischen Westsaumes zur Lebensaufgabe gemacht, die Genuesen Antoniotto Usodimare, Bartholomäus Perestrello, den Kolonisator von Porto Santo und angeblichen Schwiegervater des Kolumbus, Antonio di Noli u. a. an der Spitze des portugiesischen Seewesens und als namhafte Entdecker.

---

[1]) Nach einer im genuesischen Staatsarchiv aufbewahrten, von Desimoni (Atti della Soc. Ligure XV pag. 10) mitgeteilten Urkunde dd. 25. Oktober 1306, laut welcher die Brüder Emmanuel und Leonardo Pessagno zwei wohlausgerüstete Galeeren an ihren Mitbürger Marocelli und an zwei Mailänder Kaufleute zu einer Fahrt von Genua nach England vermieteten, um dort für Genua Wolle zu laden. Näheres Theob. Fischer, l. c. pag. 34 und 35.

[2]) Dieselbe ist zu Santarem dd. 1. Februar 1317 ausgestellt und ebenfalls von Desimoni in den Atti della Soc. Ligure XV pag. 13 veröffentlicht.

Jedoch die Thaten und Leistungen aller jener Italiener, die ihre Tüchtigkeit und Unternehmungslust in den Dienst des edlen und weitsichtigen Infanten gestellt und in Portugal ihr Adoptivvaterland gefunden, aber auch zum Glanze und Ruhme des letzteren erklecklich mitbeigetragen haben, sind kaum andeutungsweise in wenigen mageren und zweifelhaften Urkunden der Nachwelt überliefert worden, — ja sogar ihre Namen sind nahezu aus dem Gedächtnisse unserer Zeit geschwunden. Nur Einer derselben, der Venetianer Alvise da cà da Mosto,[1]) hat durch die von ihm hinterlassenen Schriften seinen Namen, wie die Kunde von seinen Entdeckungsfahrten für alle Zeiten der Vergessenheit entrissen.

## Allgemeines über die Schriften Cà da Mosto's.

Die Schriften desselben, eines der sehr wenigen Dokumente aus jener Zeit der ersten afrikanischen Entdecker, bestehen aus zwei Berichten über die von ihm selbst 1455 und 1456 gemachten Reisen an der Westküste Afrikas, sowie aus der Beschreibung einer Reise des Portugiesen Pedro de Cintra (»Petrus von Synzia«) nach den Erzählungen eines Teilnehmers an der letzteren. Aufserdem gilt der älteste aller uns noch erhaltenen gedruckten Portulane (v. J. 1491) als das Werk Cà da Mosto's.

Gar manche Seefahrer seiner Zeit: Gil Yanez, der zuerst das »furchtbare« Kap Bojador umschiffte, Diniz Dias, der das grüne Vorgebirge entdeckte, Nuño Tristão, der als der Erste über den Rio grande hinausfuhr und das Opfer seines heldenmütigen Forschungseifers wurde, Alvaro Fernandez, der allen voran zuerst bis Sierra Leone vorgedrungen, — haben als Entdecker und mutige Bahnbrecher längs der afrikanischen Westküste weit mehr geleistet, als Cà da Mosto, dessen Fahrten zum grofsen Teile sich zwischen solchen Strecken bewegten, die schon einige Jahre vorher andere aufgefunden hatten. Allein die Bedeutung und Hauptstärke des letzteren liegt eben weniger

---

[1]) Da cà (= casa oder famiglia) da Mosto, ein noch heute in Venedig bestehendes Patriziergeschlecht.

in dem Umfange seiner Entdeckungen selbst, als vielmehr in den auf sorgfältiger Beobachtung und eingehender Forschung beruhenden, ausführlichen Beschreibungen seiner Reisen. Denn diese enthalten nicht blofs eine aufserordentliche Fülle von wichtigen geographischen Daten, sondern geben uns auch höchst interessante Aufschlüsse über die Völkerstämme, die Sitten und Lebensgewohnheiten, den Handel, die Tier- und Pflanzenwelt in den von ihm besuchten afrikanischen Gebieten, und zwar in so musterhafter, anziehender und genauer Darstellung, dafs man ihn nicht mit Unrecht den »Marco Polo des westlichen Gestadelandes von Afrika« genannt hat [1]).

Cà da Mosto war aber auch, wie ihn der Engländer Oldham sehr zutreffend charakterisiert, »a shrewd observer who noted down everything of interest which he saw or heard, and so was able to leave behind him a record pregnant with valuable material..... Of him it has been well said his work shews that »one inquisitive person shall bring home a better account of countries« than twenty who come after him« [2]).

So allgemein und ohne Widerstreit aber auch Mit- und Nachwelt die grofsen Verdienste Cà da Mosto's als »Reiseschriftstellers« anerkannt hat, ebenso bestimmt sind von vielen Seiten seine in dessen zweitem Reiseberichte geltend gemachten Ansprüche auf den Ruhm, der erste Entdecker der Kapverden zu sein, namentlich seit dem Erscheinen des bekannten Werkes des Engländers Major über Heinrich den Seefahrer [3]), und neuerdings seit der gelegentlich der 4. Centenarfeier der Entdeckung Amerikas 1892 geschehenen Veröffentlichung mehrerer hierauf bezüglicher Urkunden aus dem Nationalarchiv zu Lissabon [4]), zurückgewiesen worden. Ja, von einzelnen Seiten wurde

---

[1]) Ritter, Geschichte der Erdkunde und der Entdeckungen, pag. 232.
[2]) Henry Yule Oldham, The discovery of the Cape Verde Islands. (Beiträge zur Festschrift zum 60. Geburtstag Ferd. von Richthofen's. Berlin, Geogr. Verlagshandlung von D. Reimer, 1893.)
[3]) Henry Major, Life of Prince Henry, surnamed the Navigator, London 1868, pag. XXIV.
[4]) Bericht von Ruge in H. Wagners Geogr. Jahrbuch, Gotha 1895 pag. 18. — Vgl. auch ebd. 1897 pag. 227 f.

Cà da Mosto geradezu bezichtigt, er habe sich nur fremden Ruhm aneignen wollen[1]). Es würde deshalb schlimm um die Glaubwürdigkeit auch seiner übrigen Berichte stehen, wenn der von ihm erhobene Anspruch auf den Namen des »Entdeckers der Kapverden« nicht gerechtfertigt werden könnte, — eine von dem bezeichneten Standpunkte aus bedeutsame Sache, welche später an der entsprechenden Stelle eingehend wird erörtert werden müssen.

## Einleitung zu seinen Reiseberichten.

Anklagen der erwähnten Art wider Cà da Mosto müssen um so mehr befremden, als unser Entdeckungsreisender in der seinen Schriften vorausgeschickten Einleitung ausdrücklichst versichert, strenge der Wahrheit zu folgen und eher zu unterdrücken als zu übertreiben: »Vnd also so vil mir die Gedechtnuſs wil beholffen seyn/ so wille ich beschreyben sulch ytzgemelte ding . . . . . solle yedoch die warheyt hierinnen an allen orthen nicht umbgangen werden vnd sunder zweyfel wille ich ee was zu wenig sagen/ dann etwas neben der warheyt offenbaren«[2]).

Sodann hält Cà da Mosto in seiner Einleitung auf »des aller durchleuchten herren Johansen[3]) kunigs zu Porthogal Sune Hurich« (den Infanten Heinrich) eine herzliche Lobrede, preist dessen Frömmigkeit und Enthaltsamkeit, seine Gelehrsamkeit und Tapferkeit (»der vil Erlicher vnd Ritterlicher thate gethan mit aygner person . . . . in den schlachten wider die Morn« (Mauren)[4]), nennt ihn »den ersten vrsacher oder anfenger der

---

[1]) Ruge, Geschichte des Zeitalters der Entdeckungen. Berlin 1881, pag. 96.

[2]) Aus der zu Nürnberg 1508 erschienenen deutschen Übersetzung des im venetianischen Dialekte abgefaſsten Originals durch Jobst Ruchamer unter dem Titel: ɔvnbekannthe landte Und ein newe weldte in kurtz verganger zeythe erfunden,« eine sehr selten gewordene, in der Kgl. Hof- und Staatsbibliothek zu München aufbewahrte Ausgabe.

[3]) João I. (1385—1433).

[4]) Offenbar eine Anspielung auf die Eroberung von Ceuta durch die Portugiesen 1415, wobei sich der damals 21jährige Infant Heinrich besonders hervorgethan haben soll.

do hat lassen vberfarn die ort des Meres Occeani gegen mittentag in dise lande der Moren/ welche seyder Adamszeytten (?) bifshere nicht seyn geschyffet worden . . . . .,« und erzählt, wie Prinz Heinrich mit Zustimmung seines Vaters und dessen Nachfolgers Dourth[1]) als Grofsmeister »der Ritterschaft vnsers herrn Jhesu christi«[2]) deren Einkünfte stiftungsgemäfs zur Ausrüstung und Aussendung von Schiffen verwendete, um »mit kriegen wider die wilden vmzamen völcker . . . vnd die veynde des heyligen Christlichen glauben zu streyten« und durch Entdeckungen und Eroberungen an der Westküste Afrikas das Gebiet der christlichen Kirche zu erweitern.

Aber seine Portugiesen waren damals noch — wie sie Theobald Fischer sehr zutreffend nennt, — recht »langsam und schwer lernende Schüler der Italiener«, so dafs sie sich lange nicht (bis 1415) über das Kap Nun oder Non (28⁰ 39' n. Br.) hinauswagten, das wegen seiner Schrofen und submarinen Bänke seinen die hohe See scheuenden Landsleuten ein Schrecken und Grausen war.

»Er liefs sie ziehenn bifs an ein gebierge genandt das orte nayn/ welches ist noch also benent auff disen tag Vnd ditz orte was alle mal das endte diser farthe/ Wann nicht gehört ist worden/ das yemands ye vber das orte gefaren were/ der wider haym were kommen/ Also das das sprichwordt was/ das man sprache/ Wer zeucht vber das ort nayn/ der kumpt auch wider nayn/ Als wöllen sie sprechen/ Er kumpt nymmer wider«[3]).

[1]) Heinrichs ältester Bruder Eduard III. (1433—38).

[2]) Gewöhnlich »Christusorden« genannt. »Diese im höchsten Ansehen stehende Kongregation, welche in Portugal an Stelle des von König Diniz für seine Besitzungen schon vor der päpstlichen Aufhebungsbulle beseitigten Templerordens getreten war, und deren Statut eine Bulle des Papstes Johann XXII. begründet hatte, sollte in erster Linie dem Kampfe gegen die Ungläubigen dienen, allein der Infant Henrique verstand es, . . . . die Ritter hauptsächlich in den Dienst derjenigen Aufgaben zu stellen, deren glückliche Lösung ihm seinen bekannten Ehrennamen »Seefahrer« eingetragen hat.« S. Günther, Martin Behaim, Bamberg 1890.

[3]) Nach Barros (Asia Decade I. liv. I chap. 10 page 36 der Ausgabe von 1778) herrschte in Portugal in der That hinsichtlich der Umschiffung des

So wurde, erzählt Cà da Mosto weiter, eine Expedition nach der andern ausgesandt und endlich dank der hartnäckigen Ausdauer des Infanten auch jenes Hindernis überwunden, bis »sie« endlich — inzwischen war 1446 Alvaro Fernandez bis nahe an das Kap Sierra Leone vorgedrungen, — »die lender der vordersten Morn mit seltzamen weysen, sprachen, sytten vnd glauben funden,« wovon wir weiter unten Näheres hören werden.

Das Jahr 1448 bildete einen Wendepunkt in den Unternehmungen des Infanten Heinrich. Bisher hatte er unter der Regierung seines Vaters und ältesten Bruders, sowie auch noch in den ersten 10 Jahren seit der Thronbesteigung des minderjährigen, unter der Vormundschaft von Heinrichs Bruder Dom Pedro stehenden Alfonso V. — in der Verfolgung seiner hohen Ziele die unbedingteste Unterstützung gefunden; schon 51 Karavellen[1]) waren bis dahin mit mehr oder weniger Erfolgen über das Kap Bojador vorgedrungen. Als aber Alfons V. 1448 die Regierung selbständig antrat, scheint Heinrich

---

Kap Nun das Sprichwort: »Quem passar o cabo de Naô — ou voltara ou nao.« Siehe Schefer, Relation des voyages à la côte occidentale d'Afrique, Paris 1895, pag. 11 Anm. — Der spanische Artillerieoffizier Joachim Gatell, mit welchem Gerhard Rohlfs ein paar Jahre in Marokko zusammengelebt, berichtet über die Etymologie des Namens Nun, dieser sei von einer Königin Nuna, welche in alten Zeiten sich der heutigen Landschaft Nun bemächtigt hätte, abzuleiten. — Eine Stadt Nun, welche von alten Geographen des öfteren erwähnt wird, gibt es heutzutage nicht mehr, obwohl auch der Franzose Panet, der einen grofsen Teil jenes Gebietes bereist hat, eine solche nennt. Er verwechselt es offenbar mit Ogilmin (Petermanns Mitteilungen 1877 pag. 423: Rohlfs, die Landschaften Tekna und Nun.)

[1]) Die portugiesischen Schiffe jenes Zeitalters beschreibt der Kapitänlieutenant Lopez de Mendonça in sehr eingehender Weise in seinem Werke: Estudos sobre navios portuguezes nos seculos XV e XVI. — Lisboa 1892. Darnach wurden im Anfang des 15. Jahrhunderts bei den portugiesischen Unternehmungen ausschliefslich naus und galés verwendet. Im Laufe desselben Jahrhunderts aber finden sich folgende Arten von Fahrzeugen: barcha, caravela, barinel, urca, taforea, carraca als Segelschiffe und galeota, bergantim und fusta als lange oder Ruderschiffe; indes verschwand diese zweite Art in 100 Jahren fast ganz wieder und wurde dann nur noch an den Küsten der Berberei und im Orient verwendet. Geogr. Jahrbuch, 1895 (Ruge, Literatur zur Geschichte der Erdkunde), pag. 18.

keine nennenswerte Förderung seiner Pläne mehr erfahren zu haben, und da auch seine Mittel völlig erschöpft waren [1]), so trat von da an bis zu seinem 1460 erfolgten Tode eine bedenkliche Stockung in den früher so unablässig und unausgesetzt betriebenen Entdeckungsfahrten ein. Da führte ihm der Zufall einen Mann entgegen, der wie selten einer, fähig und willens war, jene öde Lücke auszufüllen.

## Cà da Mosto's erste Reise.

Es war am 8. August 1454, als der kaum 22 Jahre alte Alvise da cà da Mosto mit mehreren nach Flandern (wo er schon früher einmal gewesen) bestimmten Galeeren von seiner Geburtsstadt Venedig ausfuhr, um die Welt zu sehen und sein Glück zu machen. Solche Flandernfahrten fanden damals alljährlich, gleichwie die Seereisen der Venetianer nach den östlichen Gestaden des Mittelmeeres, zu genau bestimmten Zeiten statt und wurden nie von einzelnen, sondern stets von mehreren Schiffen, ja oft von ganzen bewaffneten Flotten unternommen. Diese Galeeren waren Eigentum der Regierung oder Kommune, standen im Hafen bereit und wurden gegen eine bestimmte Summe den Kaufleuten überlassen mit dem Rechte, sie mit ihren Waren zu beladen und in Person oder durch ihre Bevollmächtigten zu begleiten, beziehungsweise begleiten zu lassen [2]). Das Kommando führte aber immer ein von der Regierung ernannter Kapitän, der nicht von seinem Kurse abweichen durfte; er hiefs damals Marco Zeno [3]).

---

[1]) Ruge (Geschichte des Zeitalters der Entdeckungen, pag. 96) erzählt, dafs Heinrich bereits im Jahre 1449 einem Verwandten, Don Fernando von Braganza, die sehr erhebliche Summe von 19394 Goldkronen geschuldet habe.

[2]) Th. Fischer, l. c., pag. 37.

[3]) Marco Zeno, dessen Familie im Laufe des 14. und 15. Jahrhunderts viele ausgezeichnete Kriegsmänner und Seefahrer geliefert, war der Sohn des Giovanni Zeno, Grafen von Francavilla. Er kaufte später (1480) die Herrschaft von Montegranaro und erhielt den Titel »Marquis.« Sein Porträt ist noch heute im Saale des Grofsen Rates im Dogenpalaste zu sehen. Vergleiche Schefer, l. c. pag. 15 Anm.

Dafs die Beteiligung unseres jungen Kaufmannes an jener Expedition zunächst auf Handelsgewinn abzielte, ist selbstverständlich, wird aber auch, gleichwie der Umstand, dafs seine Vermögenslage damals in der That eine ziemlich prekäre war, von ihm selbst ausdrücklich bestätigt. »Ich nahm daran teyl,« sagt er,«.... vmb des willen/ das ich etwas möchte erobern vnd gewinnen/ dann alles meyn furnemen der selbigen zeyt was/ das ich mich wölte vmbthun alle mögliche wege/ zu vberkumen etwa zimliche reychtume vnd darnach möchte komen zur besserung meynes stands vnd zu Eeren.... Rüste ich mich mit dem klaynen gelt/ das ich der zeyt hete«.

Die Fahrt verlief ohne Störung, bis Cà da Mosto und die übrigen Teilnehmer an der Expedition durch widrige Winde an der Küste Portugals in der Nähe des Vorgebirges São Vicente zu landen gezwungen wurden. Damals hielt sich eben in einem benachbarten Dorfe (»in una uilla li couicina chiamata Reposera,« wie der italienische Text lautet,) Prinz Heinrich auf, der sich vermutlich von seinem ebenfalls nahen Lieblingssitze Sagres, der »Villa do Iffante,« dahin zurückgezogen hatte, um sich ungestört seinen Studien widmen zu können. Sobald der Prinz von der Ankunft der Italiener hörte, schickte er seinen Sekretär Antonius Conzalles und den für Portugal beglaubigten venetianischen Konsul Patricio de Conti an sie ab mit allerlei Proben des neugepflanzten Zuckerrohrs »auss der Mederajnseln vnd drackenblut (das man in der artzenaye gebraucht) vnd ander Ding/ so sie gebracht hatten aufs den orthen vnd jnseln des ytzgemelten Fürsten.. vnd wie das nichts nit were zu achten gegen andern Dingen vnd kauffmanschafften/ die man aufs den selbigen jnseln bringt, die vor võ andern nie gesehen sein worden .... vnd wie die jhenen/ so an sulche orthe gereist hetten mit grofsem gewinne (sogar 1000 Prozent!) wern wider haym kumen. Also das sie bey mir machten wachsen die begierde zu ziehen an sulche orthe ....« Als Cà da Mosto aufserdem noch allerlei wunderbare Dinge erzählen hörte von den Inseln und Ländern, welche die Portugiesen vor wenigen Jahren erst aufgefunden, — als er vernahm, dafs es dem Infanten besonders angenehm wäre, wenn gerade ein Venetianer in seinem Dienste eine Fahrt bis zum Senegal unternähme, da er überzeugt sei, dafs in jenen noch zu wenig erforschten Gebieten viele kostbare Spezereien zu finden seien, und gerade die Venetianer für diese Artikel infolge ihrer Handelsbeziehungen zu dem Morgenlande ein besseres Verständnis hätten als andere Leute, nahm er schliefslich nach einer persönlichen Unterredung mit Heinrich dessen Anerbieten an und unterschrieb die Bedingungen, welche herkömmlicher Weise jeder unter portugiesischer Flagge segelnden Expedition auferlegt wurden [1]).

Nachdem er sich die für eine solche Reise erforderlichen Artikel verschafft und über seine eigenen in Venedig verladenen Waren verfügt hatte, verliefs er seine Landsleute, die nun ohne ihn nach Flandern weiter fuhren. Cà da Mosto verbrachte den Winter auf dem Landsitze des Infanten und segelte erst am 22. März 1455 »mit mitternacht windt in rucke« auf einer gut ausgerüsteten Karavelle [2]) von Lagos ab. Sein Kurs steuerte der Insel Porto santo zu, welche er nach Zurücklegung von 600 Meilen [3]) am 25. März desselben Jahres um die Mittagszeit erreichte.

## Porto santo.

Diese zur Madeiragruppe gehörige kleine Insel wurde 1418 von den portugiesischen Seefahrern João Gonzalves Zarco und Tristão Vaz Teyxeyra, welche durch Stürme unfrei-

[1]) Cà da Mosto erörtert diese Bedingungen näher, die kurz in folgendem gipfeln: 1. Wenn der Unternehmer selbst das Schiff ausrüstet und mit Ladung versieht, so hat er nach seiner Rückkehr dem Prinzen nur den 4. Teil des erzielten Gewinnes —, 2. rüstet aber der Prinz das Schiff aus, während der Unternehmer blofs für die Schiffsladung aufkommt, die Hälfte des Gewinnes herauszugeben. 3. Ergäbe die Expedition Verluste, so würde der Infant den Schaden allein tragen.

Cà da Mosto schlofs seinen Vertrag in der sub Ziffer 2 angegebenen Weise ab.

[2]) Über den Tonnengehalt seines Schiffes (Steuermann Vicente Dias) sagt Cà da Mosto: »Die Carauella mochte tragen bei den newntzig Butthen/ das ist vngeuerlich bey viertzig vnser fuder weins.«

[3]) Dieser und allen späteren Distanzangaben Cà da Mosto's ist die welsche oder italienische Meile (das Miglio von Venedig) $= 1738{,}675$ Meter zu grunde gelegt, während die portugiesische Meile (Milba) $2065{,}653$ Meter beträgt, mithin um $326{,}978$ Meter gröfser ist.

willig dahin getrieben worden, eigentlich nicht entdeckt, sondern vielmehr wiederaufgefunden, da sich dieselbe, wie Madeira selbst, bereits auf dem mediceischen Portulan vom J. 1351 dargestellt findet und demnach schon früher und zwar von Italienern (höchst wahrscheinlich Genuesern) entdeckt worden war. Cà da Mosto berichtet freilich, Porto santo sei 27 Jahre vor seiner Ankunft daselbst entdeckt worden, weshalb auch fälschlich von einigen Geschichtsschreibern angenommen wurde, dafs seine erste Fahrt bereits 1445 stattgefunden habe (wenn man nämlich 1418 als das Jahr der Entdeckung Porto santos betrachtet.) Allein da auch ein noch erhaltener Brief des Genuesers Antoniotto Usodimare dd. 12. Dezember 1455, von dem weiter unten die Rede sein wird, beweist, dafs jene Reise Cà da Mosto's sicherlich in das letztgenannte Jahr fällt, so ist wohl die Annahme berechtigt, dafs bei der ersten Drucklegung des nicht mehr vorhandenen Originalmanuskripts unseres Reisenden oder erst bei dem Erscheinen späterer Ausgaben statt 37 irrtümlich 27 gesetzt wurde, was bei Anwendung von lateinischen Zahlzeichen ja leicht möglich ist[1]).

Es ist natürlich nicht eben viel, was Cà da Mosto über diese junge, bei ihrer Auffindung vollkommen unbewohnte und erst von den Portugiesen bepflanzte und besiedelte Kolonie zu sagen weifs, welche damals unter der Verwaltung des Gouverneurs Bartholomäus »Polastrellus«[2]) stand.

Cà da Mosto gibt ihren Umfang auf 25 welsche Meilen an (in Wirklichkeit beträgt dieser 30 Km) und spricht von ihrem Überflufs an Rindern, wilden Schweinen, Fischen und namentlich an Kaninchen (»künlein«), welch' letztere, von

---

[1]) Offenbar aus demselben Grunde ist in der lateinischen Ausgabe der Reiseberichte Cà da Mosto's (im »Orbis novus etc. des Grynaeus«) vom J. 1532 statt 1454 fälschlich 1504 zu lesen. [Vergleiche Oldham, The discovery of the Cape Islands, pag. 185 Anm. 3.]

[2]) Zweifellos meint damit Cà da Mosto den schon genannten Genuesen Perestrello. Nach Schefer, Relation des voyages etc. war dieser der Sohn des Philipp Pallastrelli und der Katharina Visconti und am Anfange des 15. Jahrh. geboren. Er beschäftigte sich sehr eingehend mit dem Studium der damaligen Schiffahrtsprobleme, wurde von Heinrichs des Seefahrers jüngerem Bruder Don Juan an den Hof gezogen und später mit der Kolonisierung Porto santos beauftragt.

Perestrello erst eingeführt, sich rasch derartig vermehrt hatten, dafs sie häufig die Ernten gefährdeten und zur verderblichsten Landplage wurden. Übrigens mufs trotzdem die Insel unter der Verwaltung ihres ersten Gouverneurs einen hohen Grad gedeihlicher Entwickelung erreicht haben, da demselben später vom Könige von Portugal das Privilegium erteilt wurde, den Titel und die Würde eines Gouverneurs jener Insel auf seine Nachkommen zu vererben[1].

Unter den Produkten Porto santos erwähnt Cà da Mosto — neben Korn, Haber, Honig, Wachs — ganz besonders das dort aus dem Safte, sowie auch aus den Früchten der Dracaena Draco reichlich gewonnene Drachenblutharz, das im Mittelalter in der Medizin eine ziemliche Rolle spielte. Die Bereitungsweise desselben schildert unser Reisende folgendermafsen: ». . . das dracken blut rindte aufs bawmen . . . vnd man bringt es heraufs der massen/ sie thun etliche streiche mit einem axt oder beyhel zu vnderst an den bawmen vnd im volgenden Jare zu einer bekanten zeyt so geben dieselbigen hybe oder wunden ein gumi oder hartze/ welches sie darnach siedē vnd raynigen . . .«[2]

Einen eigentlichen Hafen fand Cà da Mosto auf der Insel nicht vor, doch lobt er die von ihm während seines kurzen Aufenthaltes daselbst benützte Ankerstelle, »do man bewart ist vor allen winden aufsgenomen vom auffgang windt vnd mittag windt,« Eigenschaften, welche auch bei dem geschützten Hafen der heutigen, an der Ostküste liegenden Hauptstadt vollkommen zutreffen.

---

[1] Diese alte und edle Familie, die noch heute unter dem Namen der »Pallastrelli di Piacenza« existiert, genofs nach Pietro di S. Filippo (Biografia dei viaggiatori italiani, Rome 1881, pages 136—137) das erwähnte Privilegium bis zur Mitte des vorigen Jahrhunderts. Siehe Schefer, l. c. p. 22 Anm.

[2] Heutzutage hat für den europäischen Handel nur noch das ostindische und das amerikanische Drachenblut einige Bedeutung, ersteres gewonnen aus der Palmenart Calamus Draco, letzteres aus der verwundeten Rinde von Pterocarpus Draco in Westindien. Übrigens wird dasselbe jetzt nur mehr zur Herstellung von rotem Firnis, Zahnpulver u. dgl. oder auch zu Polituren verwendet.

## Auf Madeira.

Am 27. März 1455 segelte Cà da Mosto von Porto santo ab und landete noch am gleichen Tage auf der 40 Meilen davon entfernten vulkanischen Insel Madeira im Hafen Moncricho oder Manchico. — Auch diese Insel findet sich schon auf dem mediceischen Portulan von 1351 unter dem Namen »Isola de lo legname« (Holzinsel) verzeichnet, was wiederum auf untrügliche Weise darauf schliefsen läfst, dafs ebenfalls Italiener deren früheste Entdecker waren. Dieselbe italienische Namensform trägt die Insel auch noch auf der bekannten katalanischen Karte vom J. 1375, und erst auf der von Theobald Fischer (1886) zum ersten Male veröffentlichten Karte des Venetianers Giacomo Giraldi vom J. 1426 tritt dafür die portugiesische Übersetzung »Madeira« (madiera) auf, nachdem inzwischen auch diese Insel von den Portugiesen neuentdeckt und — allerdings im engsten Anschlusse an die Bedeutung der italienischen Wortform — umgetauft worden war (1420.)[1])

Cà da Mosto erzählt uns, dafs die beiden Wiederentdecker der Insel, — die bereits genannten Portugiesen Gonzalvez Zarco und Tristan Vaz Teyxeyra (Tessera), vom Könige João I. als die ersten Statthalter oder Gouverneure daselbst eingesetzt worden seien, und zwar ersterer über die eine Hälfte der Insel mit den erst durch portugiesische Besiedelung auf dem vorher gänzlich unbewohnten Eilande entstandenen Orten und Provinzen Moncricho und »zum heyligen Crewz« (St. Cruz), der letztere über die andere Hälfte mit den Hauptorten und Provinzen Fonzal (Funchal) und »Camera li loui« (Kammer der Wölfe.)[2])

---

[1]) Übrigens scheint sich der ins Portugiesische übertragene Name nicht sofort eingebürgert zu haben, da sowohl auf der Karte des Becario v. J. 1435, wie auf denen des Pareto 1455 und des Beninicasa 1461 der italienische Name noch verzeichnet ist.

[2]) Diese Bezeichnung (portugiesisch Cambra de Lobos) leitet Schefer (l. c. pag. 24) davon her, »parce que, lors de la découverte de Madère, on n'y trouva aucun endroit qui ne fût couvert d'arbres, à l'exception d'une grande caverne s'ouvrant sur une pointe de l'île et dans laquelle on remarqua des traces nombreuses de loups marins.« (Nach Barros, Mocquet (Voyages en Afrique etc. Paris 1616 pag. 47) und Dapper (Description de l'Afrique, p. 512).

Auch von unserem Reisenden wird in Übereinstimmung mit mehreren portugiesischen Geschichtsschreibern berichtet, dafs Madeira bei dessen Wiederauffindung ganz von Wald bedeckt gewesen: ».... hette man nicht mugen finden einen flecken des erdtrichs einer spanne brayt/ do es nicht alles vol were gestanden grosser bawmen/ Also das den ersten so daselbst wolten wonen not thete/ das sie sulches holtz vnd bawmen mit fewer anzundten/ als sie dann theten/ welches fewer dann in der jnsel brane ein gutte zeyt...« So umfangreich war der Brand, dafs João Gonzalves Zarco und dessen Leute vor der ungeheuren Hitze in das Meer flüchten und, bis an den Hals im Wasser stehend, 2 Tage und 2 Nächte aushalten mufsten. Aber die durch den Waldbrand hervorgerufene ergiebige Düngung des Bodens machte in Verbindung mit dem milden Klima die Insel trotz ihrer gebirgigen Beschaffenheit so fruchtbar, dafs anfänglich von einem ausgesäten Stero Korns 60—70, zur Zeit Cà da Mosto's allerdings nur mehr 30—40 Stera (also immer noch ein fast 40 facher Ertrag) geerntet wurde — (»denn jre erdtrich nemen ab von tag zu tag« — d. h. infolge langjährigen Raubbaus.) Gleichwohl wurden noch damals nach Angabe unseres Gewährsmannes jährlich 300 000 Stera Venediger Mafses (à $1^1/_2$ Metzen) gebaut, während bekanntlich heutzutage der Getreideertrag der Insel für den Bedarf der Bevölkerung keineswegs ausreicht, sondern jährlich eine nicht unbedeutende Zufuhr vom Auslande nötig macht. Wie heute, namentlich auf dem südlichen Teile der Insel, spielte schon zu Cà da Mosto's Zeit die Anpflanzung des Zuckerrohrs [»sie« (d. h. die von ihm auf 800 Köpfe geschätzte männliche Bevölkerung Madeiras —) »machen darafs zucker bei vierhunder zentner von einem sieden« —] und der Weinbau auf dem Eilande eine bedeutende Rolle. Der Infant Heinrich, berichtet derselbe, hatte aus Candia Malvasierstöcke bringen lassen, welche mehr Trauben als Blätter trieben und deren schon im März oder April (»in der marterwochen«) reifende Trauben »bei vier spannen lang« wurden.

Trotzdem also ein grofser Teil der Insel zu Ackerland umgewandelt worden war, gab es zu Cà da Mosto's Zeit doch noch umfangreiche Waldungen auf derselben, welche herrliches Bau- und Nutzholz für die Ausfuhr lieferten. Nehmen wir noch dazu, dafs es auf Madeira auch Überflufs an Rindern, Schweinen, Wildsauen im Gebirge, wilden Pfauen (unter ihnen auch weifse) und namentlich an Tauben[1]) gab, dafs ein konstantes, ungemein mildes Klima und eine ergiebige Binnenbewässerung[2]) aus dem Boden die üppigste Vegetation hervorzauberte, so können wir uns einen Begriff machen von dem Wohlstande (»... vnd alles das sie daselbst einbringen vnd haben/ ist golt« —) und den paradiesischen Verhältnissen, die damals auf der Insel herrschten und die zu den neuzeitlichen armseligen, die Auswanderung von Jahr zu Jahr steigernden Zuständen Madeiras im schärfsten Gegensatze stehen.

## Auf den Kanarien.

Von Madeira aus nahm Cà da Mosto seinen Kurs nach den 320 welsche Meilen davon entfernten Kanarischen Inseln. Diese wahrscheinlich bereits den Phöniziern und Karthagern bekannte, vom König Juba von Mauretanien, der dahin eine Forschungsexpedition gesandt, ums Jahr 40 v. Chr. zuerst beschriebene Inselgruppe (»insulae fortunatae«), die Plinius schon unter dem Namen »Canariae« kannte[3]), war zwar seit dem Beginne der christlichen Zeitrechnung allmählich in Vergessen-

---

[1]) Cà da Mosto erzählt, dafs die Portugiesen bei ihrer ersten Landung auf Madeira ungeheure Mengen von Tauben vorfanden, die vor den Menschen nicht die geringste Furcht zeigten und mit an Stangen befestigten Knoten oder Schlingen, die man ihnen an die Hälse warf, von den Bäumen massenhaft herabgezogen werden konnten. Dieselbe Erfahrung machten sie später auch bei der Entdeckung der ebenfalls noch unbewohnten Capverden.

[2]) Cà da Mosto zählte acht kleine Flüsse auf der Insel.

[3]) Plinius leitet den Namen Canariä bekanntermafsen von grofsen wilden Hunden ab, die nach Jubas Berichten auf den Inseln vorhanden waren und die in der That die spanischen Eroberer noch vorfanden. Heute sind dieselben jedoch auf Lanzerote beschränkt. Nach Barker-Webb und Berthelot, Histoire naturelle des îles Canaries (Paris 1836—1850) stammt jener Name wahrscheinlich nicht vom lateinischen canis her, sondern aus der Ursprache. Die Alten nannten Canarii die Bewohner des westlichen Atlas, und die Neger am Senegal bezeichnen noch heute mit dem Namen Canar oder Ganar das Land zwischen ihrem Flufs und Mauretanien.

heit geraten, scheint aber jedenfalls den spanischen Arabern wieder bekannt geworden zu sein. Sicher hat aber ihre Wiederauffindung vor 1341 stattgefunden, da in diesem Jahre, wie aus einem noch erhaltenen, an Florentiner Kaufleute in Sevilla zur selben Zeit gerichteten Handelsbriefe zweifellos hervorgeht, der Florentiner Angiolino da Tegghia dei Corbizzi und der Genuese Niccoloso da Recco im Auftrage des Königs Alfonso IV. von Portugal bereits eine Handelsfahrt nach den Kanarien ausgeführt haben[1]). Ja, es darf ohne Übertreibung angenommen werden, dafs ihre mittelalterliche Wiederentdeckung ins 13. Jahrhundert hinaufreiche. Gedenkt doch schon Petrarca (geb. 1304) einer vielfach verbreiteten Überlieferung, dafs eine genuesische Flotte gegen Ende des letzterwähnten Säkulums bis zu den Kanarien vorgedrungen sei[2]), und in unserer Zeit hat neben dem Franzosen d'Avezac namentlich Pietro Amat di S. Filippo[3]) mit Erfolg den Beweis angetreten, dafs die Entdeckung der Kanarischen Inseln schon am Ende des 13. Jahrhunderts und zwar durch Genuesen stattgefunden haben mufs, eine Auffassung, welcher auch Theobald Fischer bedingungslos zustimmt. Denn, meint letzterer, dafs wir diese Inseln weder auf den (von ihm 1886 in der bereits allegierten Sammlung von mittelalterlichen Kartenwerken italienischen Ursprungs herausgegebenen) Seekarten des Pietro Visconti v. J. 1311[4]) und 1318, noch auf der des Sanuto v. J. 1320, noch auf der noch älteren sogenannten pisanischen Karte eingetragen finden, sondern dafs dieselben vielmehr von allen uns bekannten Kartenwerken erst auf dem mediceischen Portulan v. J. 1351 erscheinen, das kann uns nicht im geringsten befremden, da ja die unterrichtetsten Kartographen bekanntlich hinter den Entdeckungen aufserordentlich zurückzubleiben pflegten. Auch sei anzunehmen, dafs die Genuesen vom materiellen Standpunkte aus kein

---

[1]) Peschel, Zeitalter der Entdeckungen, pag. 48.
[2]) In seinem Werke: De vita solitaria, libr. II cap. 3, schreibt Petrarca: »Eo (scilicet ad insulas fortunatas) si quidem patrum memoria Januensium armata classis penetravit . . .« Peschel, l. c. pag. 47.
[3]) Bulletino della soc. geogr. ital. Gennaio 1880, pag. 64.
[4]) Erst 1880 wieder aufgefunden und vom Staatsarchiv in Florenz angekauft.

Gewicht auf diese Entdeckung legten, die, wenn man (wie später die Portugiesen) sich nicht auf Sklavenjagd einliefs, nichts eintrug und auch als Station zu ferneren Ländern keine Bedeutung zu haben schien, da man wohl gleichzeitig die Produktenarmut der saharischen Küste kennen gelernt hatte [1]).

Cà da Mosto, der die Zahl der Kanarien unrichtig auf 10 angibt, dieselben auch von Ost nach West, statt von Nordost nach Südwest gerichtet darstellt, hat uns in seinem Berichte gleichwohl viele ganz zutreffende Notizen über jenen Archipel, namentlich über dessen Ureinwohner, die Guanchen, hinterlassen. Zur Zeit seiner Ankunft daselbst waren von den 7 gröfseren Inseln bereits Lanzerote[2]), Fuerteventura, Giemera (Gomera) und Ferro (Hiero), welche durch den bekannten normannischen Edelmann Jean de Bethencourt und dessen Neffen Maciot de Bethencourt schon am Anfange des 15. Jahrhunderts erobert worden, von einer ausschliefslich christlichen Bevölkerung bewohnt; Palma dagegen, Gran Canaria, das damals nach Cà da Mostos Schätzung bei 8000 Bewohner zählte, und Teneriffa mit gar 15 000 Einwohnern, welche drei Inseln nicht blofs von Randgebirgen, sondern auch durch starke Befestigungen geschützt waren, befanden sich noch in den Händen der heidnischen Guanchen, welche den ihnen noch verbliebenen Besitz mannhaft verteidigten und in beständigem Kampfe mit ihren christlichen Bedrängern lagen [3]).

---

[1]) Fischer, Th., l. c. pag. 11.

[2]) Benannt nach dem vermutlichen ersten Wiederentdecker der Kanarien, dem Genuesen Lanzerotto Marocelli, einem italienisierten Provençalen (Lancelot Malocelli), der auf dieser Insel ein Kastell baute. Dafs in der That Lanzerotto die Inselgruppe zuerst berührte, scheint auch aus dem Umstande hervorzugehen, dafs auf allen Seekarten des 14. und 15. Jahrhunderts die nach ihm benannte Insel das genuesische Wappen (ein weifses Kreuz auf rotem Felde) und öfters den Zusatz Malocelli oder Maloxello u. dgl. trägt, wie z. B. auf der katalanischen Karte v. J 1375. So waren also auch hier die Genuesen den Portugiesen und Spaniern als Entdecker vorausgeeilt, mag diese Thatsache auch von den portugiesischen Geschichtsschreibern, wie Santarem, aus einseitigen nationalen Gründen noch so sehr geleugnet werden.

[3]) Erst am Ende des 15. Jahrhunderts gelang es Alonzo Lugo nach den heftigsten Kämpfen, die am längsten widerstandenen Inseln Teneriffa und Palma zu unterwerfen.

Cà da Mosto fuhr deshalb, ohne auszusteigen, an Palma vorüber und landete auf Gomera, später auf Ferro. Der vom König von Kastilien daselbst eingesetzte Statthalter war zu dieser Zeit ein Edelmann aus »Sebillia«, namens Ferrara (Ferrera). Die seit dem Anfang des 17. Jahrhunderts ausgestorbenen Guanchen (Wandschen)[1]) schildert uns Cà da Mosto als einen kräftigen Menschenschlag von nicht ganz unzivilisiertem Wesen, aber von rauhen Sitten. Sie bauten kein Korn, kannten keinen Wein und lebten fast ausschliefslich von Gerstenbrot, Milch und Geifsfleisch. Auf einigen Inseln hatten sie neben höchst primitiven Hütten auch steinerne Häuser. Am tiefsten in der Gesittung standen von ihnen die Bewohner der Inseln Gomera und Palma, welche nach Peschel »auf die Liste derjenigen Völkerstämme gehören, bei denen sich das Schamgefühl noch nicht geregt und bei denen also noch vollständige Nacktheit der Geschlechter herrschte«[2]). Dieselben hatten nicht einmal Strohhütten, sondern wohnten in Höhlen und Löchern des Gebirges. Auch die Bewohner der übrigen heidnischen Inseln gingen fast ganz nackt, doch bedeckten sie sich zum Teil mit Geifsfellen oder Palmblättern »vnd schmieren jren leyb mit vnschlicht von einem bock/ das ist vermischt mit eynem safft eines krawts/ wañ sulches macht jnen grob vnd dicke hawt vnd behut sie vor der kelten an den orthen«. Aufserdem bemalten sie, Männer wie Frauen, ihren Körper mit grüner, roter oder gelber Pflanzenfarbe, auf welchen Schmuck sie so stolz waren, sagt Cà da Mosto, als wir auf unsere schönsten Kleider.

---

[1]) Franz von Löher (Canarische Reisetage, in der »Allgemeinen Zeitung« 1876, Nr. 57 u. ff.) sucht darzuthun, dafs dieselben germanischer Abkunft seien und sich wahrscheinlich aus den Resten der von Belisar niedergeworfenen Vandalen und der von Tarik bei Jerez de la Frontera besiegten Westgoten gebildet hätten. Dieselben wären nach Südmarokko gedrängt worden und von dort nach dem Archipel gekommen. Indes scheint uns diese auch in seinem »Canarierbuch« ausführlich behandelte Hypothese doch wohl mehr auf einer vorgefafsten Meinung zu beruhen, an deren Wertlosigkeit die in demselben enthaltenen schätzenswerten Urkundenauszüge nichts ändern können.

[2]) Vergleiche Peschel, Völkerkunde pag. 178. Auch Kunstmann, Afrika vor den Entdeckungen der Portugiesen. München 1853, pag. 46.

Auch hinsichtlich der religiösen Vorstellungen der Guanchen — gleichwie in ihrer Sprache — zeigten sich bedeutende Unterschiede. Die einen beteten »die sune, andre den Mone vnd die andern (?!) Planeten« an. Da eine Insel von der nächsten nach Cà da Mostos Angabe durchschnittlich 40—50 (welsche) Meilen entfernt ist, und die Guanchen keine Fahrzeuge besafsen (oder richtiger: damals nicht mehr besafsen, »da sie ja doch nur auf Schiffen nach den Inseln gelangt sein konnten,« Peschel), — so war der Verkehr im Archipel so gering, dafs die Einwohner der einen nicht immer die Mundart der nächsten Insel verstanden [1]).

Die Guanchen standen unter Fürsten (»Duchi«), von denen es z. B. auf Teneriffa allein vier gab, die aber keineswegs von vornehmerer Geburt zu sein brauchten, »sunder welcher am gewaltigsten ist/ der ist Furste«. Diese Häuptlinge führten häufig miteinander Kriege, in denen, sagt Cà da Mosto, die Kämpfenden einander tot schlugen »gleych als das viehe«, denn sie besafsen keine anderen Waffen als Steine, krumme Knüttel oder Kolben[2]). Etliche machten auch an ihre Knüttel ein »scharpff horn«, gleichwie ein Eisen, denn sie kannten keine Metalle.

Ferner berichtet uns Cà da Mosto, dafs sich nach der Wahl eines neuen Fürsten stets einer seiner Unterthanen anzubieten pflegte, »vmb des fursten willen« freiwillig in den Tod zu gehen. In einem tiefeingeschnittenen Thale versammelte sich alles Volk, worauf sich der dem Tode Geweihte nach einigen Worten und Gebärden von einem hohen Berge[3]) herabstürzte und zerschmetterte. Unser Reisender nahm an dieser Sitte argen Anstofs und nennt sie eine böse, viehische und unvernünftige Gewohnheit.

---

[1]) Über diesbezügliche Sprachproben siehe Peschel, Zeitalt. d. E., p. 52.

[2]) Die Guanchen bedienten sich auch der Schleuder, die sie, meint Peschel (Völkerkunde, pag. 198), »wahrscheinlich aus ihrer früheren nordafrikanischen Heimat auf den Archipel mitgebracht hatten«.

[3]) Vielleicht der von Peschel (Völkerkunde pag. 260) erwähnte Berg Tyrma oder Tirmak, bei dem die Guanchen ihre höchsten Eide schwuren und von dem auch religiöse Schwärmer freiwillig als Opfer sich herabstürzten.

Von den auf jenen Eilanden vorkommenden Produkten erwähnt Cà da Mosto aufser dem Drachenblut das heute noch an den Felsen daselbst in grofsen Mengen wild wachsende »kraut Orisello«, die Orseille oder Färberflechte (Roccella tinctoria), mit welcher wollene Tücher köstlich braunrot gefärbt wurden und die deshalb damals mit grofsem Gewinn seitens der Spanier nach Cadiz und nach den um das Mittelmeer herumliegenden Ländern verfrachtet wurde [1]).

Aber noch viel lohnender als die Ausfuhr dieser Pflanzenprodukte erschien damals den Spaniern und Portugiesen der Handel mit gefangenen kanarischen Eingeborenen. Sie überfielen nämlich häufig nachts die heidnischen Guanchen und fingen Weiber und Männer, die sie nach Spanien, namentlich aber in die Berberei, verkauften.

Auch den Guanchen war es öfters gelungen, mancher Christen habhaft zu werden, die aber gewöhnlich wieder zurückgegeben oder gegen gefangene Stammesgenossen ausgewechselt worden zu sein scheinen. Von solchen gefangenen Christen, die einige Zeit auf dem heidnischen Teneriffa zugebracht, vernahm Cà da Mosto, »dise jnsel sey so hoch so mans finden möcht in der welt/ die mag man sehen/ So das wetter Clar ist/ mehr 250 meylen weit/ wañ sie hat ein spitzen in der mitte gleych als ein Dyamant/ die ist auf das allerhechste [2])

---

[1]) Seit der Mitte unseres Jahrhunderts hat diese Flechtenart durch die Entdeckung der Anilinfarben ihre Bedeutung für den Welthandel verloren, wie ja z. B. auch Cochenille, dann Krapp (Garance), »vor 20 Jahren noch ein wichtiger Handelsgegenstand Frankreichs, nach und nach dem Anilin weichen mufste, da das Färben mit Alizarin nur $^1/_3$ des früheren Preises kostet«. Vergleiche Blind Aug., Einleitung in die Handelsgeographie, Köln 1894 (Schulprogramm), pag. 25 und 28. — Vielleicht haben einst die Phönizier und Karthager, ohne ihr Geheimnis zu verraten, jene Roccellenart (Orseille) von den Kanarien geholt und daraus jene Purpurfarbe hergestellt, von der fabelhafter Weise berichtet wird, sie sei aus einer Meerschnecke zubereitet worden. (?)

[2]) Der offenbar damit gemeinte, im Winter mit Schnee bedeckte Kegel des Pico de Teyde ist bekanntlich nur 3716 Meter hoch. Wie aber schon Plinius und Aristoteles die Höhe der Berge im allgemeinen weit überschätzten, so hatte man auch im Mittelalter, ja bis ins 18. Jahrhundert hinein, darüber sehr übertriebene Vorstellungen. Nach der Nacherzählung des in diesem Punkte etwas leichtgläubigen Cà da Mosto müfste jener Pic etwa 104 000 Meter hoch

vnd brinte¹) stetigs .... vnd sie sagen/ das die obgemelte spitze sey hohe von vnden auff bifs an die spitzen 15 liege (Leguas) Porthogalischer/ das ist 60 welsche meyl« ²).

Wie lange sich Cà da Mosto auf den Kanarien aufgehalten, gibt er nirgends an. Von Ferro aus nahm er seinen Kurs nach Süden wieder auf und erreichte nach »kurtzer zeyt« das von letzterer Insel »770 Meilen« entfernte Kapo biancho (circa $21^0$ n. Br.)³).

---

sein, und vielleicht mag gerade dessen Bericht dazu beigetragen haben, dafs man denselben lange für den höchsten Berg der Erde hielt. In einem pseudonymen, allerdings nicht als klassisch anzusehenden, aber immerhin das geographische Wissen jener Zeit summarisch darstellenden, in der Nürnberger Stadtbibliothek aufbewahrten Werke: »Hell-leuchtender Cluverianischer Spiegel der ganzen Welt von Geo-Cosmophilo/ Nürnberg/ verlegts Joh. Leonhard Buggel/ Druckts Joh. Ernst Adelbulner 1707« pag. 679 heifst es wörtlich: »Die Insul Teneriffa ist wegen des ungeheuren Berges Pico berühmt/ von dem man sagt/ dafs er der gröfste Berg in der gantzen Welt sey«.

¹) Dafs dieser heute an der Spitze nur eine schwache Solfatara zeigende Berg zu Cà da Mosto's Zeit noch ein furchtbarer thätiger Vulkan gewesen, geht schon daraus hervor, dass 1706 seine Lava die schöne Hafenstadt Garachicos begrub und dafs nach Barker-Webb und Berthelot (l. c.) noch 1798 an seinen Flanken Ausbrüche stattfanden. Jedenfalls scheint zu Cà da Mosto's Zeit Teneriffa den Namen »Isola dell' inferno«, mit dem es auf dem mediceischen Portulan verzeichnet steht, voll verdient zu haben.

²) Siehe Anmerkung 2 auf der vorhergehenden Seite. (1738,675 m × 60 = 104 320,5 m!)

³) Cà da Mosto besuchte auch die 50 Meilen südöstlich vom weifsen Vorgebirge gelegenen Inseln des Golfes von Arguin: 1. Arzin oder Arguin selbst (Azurara nennt sie Gete, siehe Peschel, Zeitalter der Entdeckungen pag. 65 Anm. 2), auf welcher sich Wasser genug vorfand; 2. Biancha (Branca), so genannt »darumb das sie gantz sandig ist«; 3. Garze oder »Isola de las Garzas«, genannt nach Meervögeln gleichen Namens, von denen der erste Entdecker dieser Gruppe (Nuño Tristão) eine solche Menge erbeutete, dass er 2 Barken damit belud. [Da Davity in seiner Description générale de l'Afrique, Paris 1660, pag. 605, »Garzas« mit hérons (Reiher) übersetzt (vergl. Schefer, l. c. pag. 40 Anm.), so dürfte sich jene Bezeichnung höchst wahrscheinlich auf den in fast ganz Afrika häufig vorkommenden Seidenreiher (Herodias garzetta) beziehen.] 4. Cuori oder auch die Insel des Cuirs genannt (auch Adeger.) — Mit Ausnahme Arzins alle klein, unfruchtbar und damals unbewohnt.

## Am Kap Blanco.

Am Kap Blanco geht der Strand, dem vom Vorgebirge Nun an in geringerer oder weiterer Entfernung ein kahler, steiler Gesteinsrand vorgelagert ist, in eine weite, gröfstenteils flache, aber ebenfalls unfruchtbare Ebene über, — ein Bestandteil jenes saharischen Küstengebietes, das längs des atlantischen Meeres von der Südgrenze von Marokko bis zum Senegal reicht (»vnd ist alles weyfs sandig [daher der Name des Kaps] vnd trucken vnd ist ein niderlandt allenthalben gleyche one alle anzaygung der krewter oder bawmen«).

Der daranstofsende Meeresgrund weist viele der Schiffahrt gefährliche Untiefen und Wirbel auf, »durch welche man«, sagt Cà da Mosto, »nicht forthe dann am tage mit der probier schnur in der handt vnd mit der ordenung des wassers«.

In jenen ausgedehnten, wohl noch 50—60 Tagreisen in das Innere reichenden Wüstungen, denen es aber auch nach den zuverlässigen Berichten Panets und namentlich H. Barths durchaus nicht an einzelnen bewässerten, angebauten und den Herden üppige Weiden bietenden Strecken gebricht, hausten die berberisch-maurischen Sanhadschen oder Azanaghen, braune Nomaden [1]), welche uns Cà da Mosto als höchst genügsame, fast ausschliefslich von Milch, Gerste, Hirse ünd Datteln lebende Leute schildert, die man den ganzen Tag mit einer Schüssel Gerstenmus frisch erhalten kann [2]), — aber auch als grofse Diebe und Lügner »vnd so grofs vereter als man jn der welt mag vinden«. Nase und Mund bedeckten die Männer, wie heute noch die freilich nunmehr östlich der Linie Tuat-Timbuktu nomadisierenden berberischen Tuaregs, deren Weidegebiet aber früher weiter nach Westen gereicht haben dürfte, — mit einem »Fatzilet« (dem Gesichtsshawl »Litham oder Tessilgemist«),

---

[1]) Cà da Mosto: »Sie bleyben an keine orthe besitzed (sefshaft) sunder stetygs geen sie wyder vnd forthe in dysen wustungen«.

[2]) Gerhard Rohlfs entwirft uns von den heutigen berberisch-maurischen Bewohnern jener Gegenden und von ihrer Lebensweise ein mit den Schilderungen Cà da Mosto's völlig übereinstimmendes Bild. Siehe Petermanns Mitteilungen, Jahrgang 1877, pag. 426.

— eine Sitte, welche sie selbst nach dem Berichte Cà da Mosto's damit begründeten, dafs »der mundt sey eyn vngestalth ding/ wann stetigs gee do herauſs ein böser othen (Atem) vnd darumb solle mā jne bedecken vnd laſsen jne nymandt sehen«, die aber wohl vielmehr mit der Notwendigkeit zusammenhängen dürfte, ihre Atmungswerkzeuge vor dem Wüstenflugsande zu schützen. Ihre von Natur wohlgestalteten Töchter suchten sie durch fortgesetzte Mästung mit Kamelmilch möglichst beleibt zu machen, welche abgeschmackte Sitte nach den Berichten des Franzosen Vincent, der 1860 die westliche Sahara bereiste, in jenen Gegenden noch heute in Blüte steht [1]).

Die Azanaghen, welche nicht unter Königen standen, sondern stammes- oder familienweise zusammenlebten, hatten von den nordwärts wohnenden Arabern die Lehre Mahomeds überkommen und traten bei jeder Gelegenheit den christlichen Portugiesen feindlich entgegen, welch' letztere hinwiederum häufig des nachts die Stranddörfer derselben überfielen und die erbeuteten Männer und Frauen auf die Sklavenmärkte trieben. In gleicher Weise machten auch die Azanaghen alljährlich Raubzüge in die südlich von ihnen gelegenen Negerländer und schleppten ihre Opfer in die Sklaverei; selbst mancher Portugiese, der in ihre Hände gefallen, teilte dieses Los. Gerade damals, als Cà da Mosto an ihren Gestaden landete, herrschte zwischen ihnen und den Portugiesen ein friedlicheres Verhältnis; denn der Infant Heinrich hatte seinen Leuten befohlen, sich jeder Gewaltthätigkeit gegen jene zu enthalten, da er namentlich seit der Errichtung einer befestigten Handelsstation auf der Insel Arguin [2]), die den portugiesischen Schiffen einen Stütz-

---

[1]) Vincent, Voyage dans le Sahara occidental, Bulletin de la Soc. de Geogr. Paris 1861 p. 11. Siehe Peschel, Geschichte der Erdkunde, p. 129.

[2]) Cà da Mosto: »In der jnseln Arzin last der Furst her Hurich pawe (bauen) ein schlosse/ das sulche kauffmanschafft daselbst ewiglich muge gehanthabt werden vnd ytzvnd kumen jerlich schiefft da hyn von Porthogal vnd von dan gen Porthogal...« — Nach Peschel, Gesch. der Erdkunde, pag. 232 Anm. haben die Portugiesen ihr Contor in Arguin erst 1744 aufgegeben. Die Verbindung Arguins mit Wadan (Hoden) und den innerafrikanischen Karawanenstrafsen, sowie seine Bedeutung für den Binnenhandel Afrikas siehe weiter unten!

punkt für alle weiteren Unternehmungen gewähren sollte, dieselben in Güte für die Eingehung dauernder Handelsverbindungen und für das Christentum zu gewinnen hoffte.

## Innerafrikanischer Karawanenhandel.

Die Azanaghen waren nämlich nicht blofs ein Hirten-, sondern auch ein sehr rühriges Handelsvolk; sie holten auf ihren Kamelen von den blut- und glaubensverwandten Arabern Nordafrikas vorzugsweise Pferde[1]), seidene Tücher und Gewänder »nach den morischen sitten«, Silber, Kupfer, Leinwand etc. und brachten diese Handelsgegenstände, sowie riesige Mengen des einheimischen Salzes nach den damals zwischen dem oberen Senegal und Niger bestehenden Negerreichen, wo ihre Waren mit Sklaven, Goldstaub, Elfenbein, Ingwer und anderen Gewürzen bezahlt wurden, welche wieder vorzugsweise durch ihre Vermittlung den Weg nach den Berberstaaten und von da nach Europa fanden.

Die Azanaghen, welche sich rühmten, die ältesten Bewohner ihres Landes zu sein, hatten nach H. Barth[2]) um die Mitte des 10. Jahrhunderts ihre Macht über den westlichen Teil der Wüste, über die ganze Nachbarschaft des südlich davon gelegenen Negerlandes und über einen grofsen Teil des ältesten, wahrscheinlich von den hellfarbigen Fulbe um 300 n. Chr. gegründeten Königreichs Ghana oder Ghanata (südwestlich von Timbuktu) ausgedehnt. Zwar scheinen die Azanaghen für kurze Zeit wieder unter die Botmäfsigkeit der Könige von Ghanata gekommen zu sein; denn H. Barth, der während seines Aufenthaltes in Timbuktu über die Geschichte jener Ländergebiete handschriftliche, angeblich von einem »Negergelehrten« Namens Ahmed Baba herrührende Jahrbücher als zuverlässige Quellen benützen konnte, konstatiert ausdrück-

---

[1]) Für ein einziges Pferd, erzählt Cà da Mosto, wurden gewöhnlich 10—12 Sklaven gegeben. Die jährlich aus jenen Negerländern in die Berberei verkauften Sklaven gibt derselbe auf 1000 an.

[2]) Barth Heinrich, Reisen und Entdeckungen in Nord- und Central-Afrika in den Jahren 1849—55. (Gotha bei Justus Perthes 1860.) Bd. IV. Kap. 8.

lich, dafs im Jahre 1052 die azanaghischen Merabetin, d. h. die Schüler und Anhänger eines unter den Azanaghen damals aufgetretenen religiösen Reformators (Abdallah Ebn Yassin), die dem Reiche Ghanata bereits früher entrissene wichtige Handelsstadt Audaghost neuerdings eroberten, ja dafs sie 1076 nach der Wiederunterwerfung Ghanatas dessen Bewohner zum gröfsten Teil zur Annahme des Islams zwangen. Aber schon beim Beginne des 13. Jahrhunderts finden wir die Azanaghen zur Tributpflichtigkeit herabgesunken unter die Macht eines am oberen Niger inzwischen in den Vordergrund getretenen Reiches der Mandingos oder Mellinke mit der Hauptstadt Melli, das unter seinem gröfsten Sultan Manssa Mussa (1311—1331) sich über das ganze frühere ghanatische Ländergebiet, den westlichen Teil der Sahara, sowie am mittleren Niger weit über Timbuktu und Gogo ausbreitete. Erst gegen das beginnende 15. Jahrhundert zu nimmt das Reich Melli infolge innerer Zwistigkeiten mehr und mehr an Machtfülle ab, so dafs 1433 der letzte Überrest des einst so grofsen und kriegerischen Azanaghenvolkes, der an der Grenze der Wüste mit seinen Herden umherziehende oder zum nicht geringen Teile — wie erwähnt — Handel treibende Stamm der Massufas, unter seinem Häuptlinge Akil das inzwischen zu einem Marktplatze ersten Ranges emporgeblühte Timbuktu eroberte und dauernd behauptete. Aber trotzdem blieb Melli noch eine lange Reihe von Jahren das mächtigste Königreich des ganzen Negerlandes und seine gleichnamige Hauptstadt der weltberühmte Hauptmarkt für den Handel mit Gold, der von ihr aus bis ins 17. Jahrhundert in östlicher, nördlicher und westlicher Richtung aufs schwungvollste betrieben wurde, und an welchem die erwähnten azanaghischen Massufas neben den Arabern den hervorragendsten aktiven Anteil nahmen. Denn nach ihrer Eroberung Timbuktus, sagt H. Barth, »bestellten sie aus der bereits hier ansässigen berberischen Bevölkerung einen Statthalter . . ., indem sie auch jetzt ihr gewohntes Nomadenleben städtischer Siedelung vorzogen«.

So waren die politischen und kommerziellen Verhältnisse in Nordwestafrika und im mittleren Sudan gelagert, als Cà da Mosto im Jahre 1455 am weifsen Vorgebirge landete. Unser Reisender, welcher ja von seinem Auftraggeber, dem Infanten, sozusagen gebundene Marschrichtung vorgezeichnet erhalten hatte, insoferne als seine Caravelle zur Erforschung des Senegal-Gambias bestimmt war, hatte somit keine Gelegenheit, über die gedachten Handelsbeziehungen der Massufa-Azanaghen eigene Wahrnehmungen zu machen, allein er gibt uns dennoch auf grund der ihm durch letztere und arabische Kaufleute gewordenen mündlichen Mitteilungen die interessantesten und zuverlässigsten Aufschlüsse über dieselben.

Als Hauptsammelpunkte aller Karawanen, welche von der Westküste Afrikas und namentlich aus der Berberei nach Timbuktu und dem Goldmarkte Melli zogen, bezeichnet Cà da Mosto im Azanaghenlande Hoden, 6 Tagreisen vom Kap Blanco (die heutige Oase Wadan), und weiter landeinwärts Taghaza oder Audaghost (?), eine nach den Erkundigungen des Portugiesen Johann Rodriguez (1493) ungefähr 15 Tagreisen von Timbuktu und ebenso viel von Wadan entfernte, heutzutage bis auf den Namen verschwundene Stadt.[1]

Bevor wir aber die Erzählungen Cà da Mosto's über viele Einzelheiten jenes innerafrikanischen Handels, namentlich mit Salz und Gold, weiter verfolgen, ist es nötig, zuerst die Karawanenpfade ins Auge zu fassen, welche damals und wohl schon ein paar Jahrhunderte früher durch die Wüste nach dem Lande der Schwarzen, benützt wurden.[2]

Die Ausgangspunkte dieser Karawanenstrafsen waren:
1. Tunis oder Constantine, 2. Ceuta, 3. Safi (beim Kap Cantin) und 4. das Kap Nun.

---

[1] Über die mutmafsliche Lage Taghazas vergl. Peschel, Geschichte der Erdkunde, pag. 127 Anm. 1,

[2] Nach Theob. Fischer (l. c. pag. 8 u. ff.) sind schon im 12. Jahrh. von Ceuta aus genuesische Kaufleute mit Karawanen ins Innere Afrikas vorgedrungen, und seit 1317 hatten die Venetianer vom Herrscher von Tunis vertragsmäfsig das Recht erlangt, durch sein ganzes Gebiet mit Karawanen zu reisen. (Kunstmann, Afrika vor den Entdeckungen der Portugiesen, München 1853, p. 32.) So sind also auch hier wieder von allen europäischen Völkern die Italiener die Ersten gewesen, welche Handelsbeziehungen, wenn nicht schon zu transsaharischen Gegenden, so doch sicher zu den meisten bedeutenden Handelsplätzen am Nordrande der Sahara unterhielten.

Dieselben führten:[1]

1. Von Tunis oder Stora (Constantine oder früher Cirta) über Bescara (Biskra) im Belad el Dscherid, über Tacort (Tuggurt) nach den Oasen Wargla und Buda (Tuat), dann über die heute nicht mehr vorhandene Oasenstadt Tagadda (von wo sich nordöstlich ein Wüstenpfad nach der Oase Catif el Chebir oder Ghat abzweigte), und von dort an den Niger nach Tenbuch oder Tanbutu (Timbuktu) und nach dem Goldmarkt Ciutat de Melli. Manche Karawanen zogen auch von Tagadda südöstlich nach Gagho (Gogo) an den Niger.

2. Von Septa (Ceuta) nach Fes (Fez) und über den Atlas nach der wichtigen Handelsstadt Sigilmessa, jetzt verschwunden, (in der Nähe der heutigen Oase Tafilelt), dann über die Sandhügel des Areg nach Badja (Buda) in Tuat, von den (wie sub 1) an den Niger nach Timbuktu und Melli.

3. Von Saffi (Safi) über Maroch (Marokko) durch das Thal von Darha (Wadi Draa)[2] nach Sigilmessa (Tafilelt) und von da an den Niger (wie sub 2) oder von Sigilmessa — Tuat links lassend — durch die Salzwüste Waran nach dem erwähnten heute ebenfalls von der Erde verschwundenen Taghaza oder Audaghost[3] und von da nach der ersten Stadt der Neger Sudam (Walata)[4], dann nach Timbuktu und Melli[5].

---

[1] Vergleiche die katalanische Erdkarte v. J. 1375, auf welcher bereits die meisten hier in Betracht kommenden Orte angegeben sind.

[2] Siehe auf der katalanischen Erdkarte die Legende zum Vall de Darha: »Per aquest loch pasen los merchaders que entren en la terra dels negres de Gineua.«

[3] Heinrich Barth (l. c.) verlegt diese ehemalige Karawanenstadt in die Nähe des heutigen Tedjigdja oder Kasr-el-Barka (zwischen dem 10.⁰ und 11.⁰ w. L. v. Gr. und dem 18.⁰ und 19.⁰ n. Br.)

[4] Auf der von Th. Fischer zum ersten Mal veröffentlichten Weltkarte des Giovanni da Carignano aus dem 14. Jahrh. findet sich dafür der stark verderbte Name E-ulezem; der derselben Zeit angehörige Ibn Batuta, der 1353 von Sigilmessa über Taghaza dahin eine Reise machte, nennt es Juâlâten. Vergl. Th. Fischer, l. c. pag. 122 u. f. —

[5] Nach Cà da Mosto waren von Taghaza bis Timbuktu 40, von da bis Melli 30 »tagreyfs zereyten.«

4. Von Kap Nun (Ogilmin) parallel mit der atlantischen Küste über die Oase Ulil (in der Nähe der salzreiche Bergzug Idschil, gewöhnlich die Sebka [Salzdistrikt] Idschil genannt, wovon schon seit alten Zeiten Steinsalz nach den sudanischen Negerreichen ausgeführt wurde,) nach Hoden (Wadan), [von wo ein Karawanenpfad nach der bereits erwähnten, vom Infanten Heinrich angelegten Faktorei auf der Insel Arguin führte,] sodann nach Taghaza (Audaghost) und von da (wie sub 3) über Walata nach Timbuktu und Melli.

Wir sehen also, der Goldmarkt Melli[1]) war das trotz aller Mühen und Gefahren einer Wüstenreise erstrebte Endziel sämtlicher von den arabischen Staaten Nordafrikas und dem Sanhadschalande ausgehenden, zahlreichen Karawanen; konnte man ja doch vorzugsweise in diesem Zauberlande jenes kostbare Edelmetall gewinnen, dem der sonst so anspruchslose Azanaghe nicht minder leidenschaftlich nachjagte, als der genufssüchtige Kulturmensch der Gegenwart!

Da den Bewohnern des Sultanats Melli, wie überhaupt den Negerreichen des Sudans, das Salz gänzlich fehlt, so bildete dieses Mineral — wie heutzutage noch — den begehrtesten Handelsartikel in jenen Gebieten, der reichlich mit Gold bezahlt wurde. Nach der Schilderung Cà da Mosto's war der Hauptstapelplatz für den Salzhandel Taghaza[2]). Denn die

[1]) Ibn Batuta besuchte auch von Walata aus die Stadt Melli, welche nach dessen Angaben 5 Stunden stromaufwärts von der Mündung des Samsarah in den Niger gelegen sein mufste (also ungefähr 13° n. Br. und 7½° w. l. v. Gr) Vergl. Peschel, Geschichte der Erdkunde, pag. 128 Anm. 1. — Es dürfte demnach beim heutigen Bammako zu suchen sein. Auch Leo Afrikanus entwirft uns, gleich Ibn Batuta, ein anschauliches Bild von dieser Stadt, die ungefähr 6000 Häuser gezählt haben soll (?) — Siehe Schefer, Relation des voyages etc., tome I. pag. 56 Anm.

[2]) Nach der Beschreibung Ibn Batutas lag Taghaza in einer sandigen, baumlosen, gänzlich unfruchtbaren Ebene; die Häuser, sowie die Moschee dieser Stadt waren aus lauter Salzsteinen erbaut, die Dächer mit Kamelhäuten bedeckt. Näheres darüber in »Voyages d'Ibn Batuta, publiés par C. Defrémery et le Dr. B. R. Sanguinetti. Paris, 1852—58, tome IV., pag. 377—378. Siehe Schefer, l. c. pag. 55 Anm. — Der Name Taghaza bedeutet nach Hugues (Storia della geografia etc.) soviel als »Goldsack« oder auch — wie in der Ausgabe des Ramusio angegeben — soviel als Lastträger (Carcadore), welch'

Bewohner dieser Stadt, lauter Sklaven der Massufa-Azanaghen, beschäftigten sich ausschliefslich mit dem Brechen des Steinsalzes auf dem Bergzuge Idschil, welches sie in ungefähr meterlangen Stücken zu grofsen Mengen aufschichteten und an die Kaufleute verkauften, worauf es diese auf Kamelen nach Timbuktu und von da nach Melli verfrachteten.[1])

Als Cà da Mosto die ihm diese Angaben machenden Azanaghen fragte, was denn die Mellier mit so riesigen Salzvorräten anfingen, antwortete man ihm, dafs jene selbst einen kleinen Teil des zu ihnen gebrachten Salzes, im Wasser aufgelöst, als Arznei wider die gefährlichen Einflüsse des heifsen Klimas genössen (»also das das geblut der menschen bey der groffen Hitze begint zefaulen/ Vnd wo sie nicht saltz hetten/ muesten sie sterben« —), das übrige Salz aber schleppten sie, nachdem sie die grofsen Tafeln desselben in einzelne tragfähige Stücke zerschlagen hätten, auf dem Kopfe nach einem sehr weit entfernten Flusse oder See (Meere?) »Vnd also machen sie ein grofs here der manne zu Fufs vnd tragen ditz saltz ein langen weg . . . . . bifs auff ein wasser/ welches sie mir nicht sagen kunden/ ob es süfs oder gesaltzen were . . . .« Alle jene Träger, erzählt Cà da Mosto, haben in jeder Hand eine Art grofser Gabel; wenn sie müde werden, so stecken sie letztere in das Erdreich, legen ihr Salzstück darauf und ruhen aus. — Auf diese Art müssen sie das Salz vorwärts schaffen, da sie weder Kamele noch andere Lasttiere besitzen, weil solche bei ihrem heifsen Klima nicht fortkommen[2]). Wenn sie — die

---

beide Bezeichnungen sichtlich mit dem ausgeprägt kommerziellen Charakter dieser Salzstadt zusammenhängen. —

[1]) Nach Vincent's Angaben hätte jener Salzdistrikt eine Länge von 8 und eine Breite von 3 Meilen, aus welchem noch jetzt alljährlich gegen 20 000 Kamellasten dieses Minerals gebrochen und ausgeführt werden. (Oberlaender, Westafrika vom Senegal bis Benguela.)

[2]) Nach den Berichten Cà da Mosto's wären von 100 nach Melli gelieferten Tieren (Pferden, Kamelen etc.) stets wenigstens 25 Stück zu grunde gegangen. Derselbe erzählt ferner, dafs auch die arabischen und azanaghischen Kaufleute, welche mit ihren Karawanen nach Melli gekommen, das dortige heifse Klima schwer vertrugen und dafs deshalb unter ihnen eine aufserordentlich grofse Sterblichkeit herrschte.

Mellier — das Salz nach dem erwähnten »Wasser« gebracht, so errichten sie damit viele Haufen in einer Reihe, die sie mit bestimmten Merkzeichen versehen, worauf sie sich eine halbe Tagreise weit zurückziehen. Während ihrer Abwesenheit kommt auf Kähnen »ein ander geschlecht der Morn . . . die do wonen vnter dem circkel Equinoctiali . . . etwen daselbst aufs einer jnsel here . . . die treiben kauffmaschaft mit saltze/ also das sie nicht sehen noch rede mit dene/ so sie mit kauffschlage . . .«. Wenn nun letztere das Salz gesehen, legen sie einem jeden Haufen gegenüber eine bestimmte Quantität Goldes und ziehen wieder ab. Jetzt kehren die Neger aus Melli, deren Eigentum das Salz ist, zurück und nehmen, falls ihnen die an den einzelnen Haufen niedergelegte Menge Goldes genügend erscheint, dieses hinweg und lassen das Salz liegen; dünkt ihnen aber das Gold zu wenig, so lassen sie es liegen mitsamt dem Salz und ziehen sich wieder zurück. Darnach kommen die stummen Kaufleute, denen das Gold gehört, abermals angefahren, und welchen Salzhaufen sie dann ohne das hinterlegte Gold finden, den führen sie hinweg; zu den anderen Haufen legen sie wieder mehr Gold, wenn sie es für gut halten, oder aber sie nehmen ihr Gold wieder und lassen das Salz liegen... Auf diese Weise treiben beide Parteien einen stummen Handel, so dafs keine der anderen ansichtig wird.

Der Sultan von Melli, der diese sonderbaren, geheimnisvollen Leute kennen lernen wollte, setzte sich einmal durch List und Gewalt in den Besitz von 4 derselben. Drei wurden sofort wieder in ihre südliche Heimat entlassen, einer aber wurde zurückbehalten, der freilich trotz aller Bemühungen der Mellier nicht dazu gebracht werden konnte, ein Wort zu reden oder einen Bissen zu essen, und schon nach 4 Tagen starb. Nach den Aussagen der Mellier hätten jene Neger eine sehr dunkle Hautfarbe gehabt, seien wohlgeformt und um eine Spanne gröfser als sie selbst gewesen; die Unterlippe derselben sei eine Spanne lang und breit bis auf die Brust herabgefallen und inwendig blutig gewesen [1]). Dagegen hätten sie eine sehr

---

[1]) Gleich den Stämmen an den Küsten des Beringsmeeres und den Botokuden Brasiliens schlitzen sich auch manche mittel- und südafrikanischen

kleine Oberlippe besessen, so dafs ihre grofsen Zähne und ihr gleichfalls »blutsames zanfleysch« stets sichtbar gewesen. An den Seiten hätten sie zwei ungewöhnlich grofse Zähne[1]) gehabt und ihre Augen seien unheimlich schwarz gewesen (»vnd seyn grewlich an zesehen«).

Infolge jenes Gewaltaktes der Mellier, erzählt Cà da Mosto weiter, ruhte gedachter Salzhandel drei Jahre lang; aber nach deren Ablauf kamen die Goldneger abermals, weil sie das Salz nicht entbehren konnten, und seit dieser Zeit trat wieder ein regelmäfsiger Tauschverkehr in der obengeschilderten Weise ein.

Welchem Völkerstamme jene Goldneger angehörten, wo sie ihre Wohnsitze hatten, welches die natürliche Beschaffenheit ihres Landes gewesen, und wie sie wohl in den Besitz so grofser Goldmengen gelangt wären, läfst Cà da Mosto unerwähnt. Ihm wurde nur erzählt, dieselben kämen alljährlich — offenbar von Süden her — auf Kähnen von einem grofsen Süfs- oder Salzwasser. Nun findet sich auf dem schon erwähnten, von Th. Fischer (Mappe III) edierten Planisfero di Prete Giovanni da Carignano di Genova del XIV secolo am äufsersten Südwestrande des damals. als bekannt angenommenen afrikanischen Gebietes eine grofse, vom ghanatischen Nil (Niger) umschlossene Insel verzeichnet mit der Legende: »Insula Palola[2]) ubi aurum colligitur«; auf der Karte der Pizigani von 1373 (ebenfalls herausgegeben von Th. Fischer, Mappe VI), wird der sogenannte westliche Nil (Niger) »flumen Palolus« und eine von ihm umflossene Insel »Insula Palola« genannt; daneben steht: »hic colligitur auro«.

---

Negervölker die Unterlippe auf, welche durch Einführung immer gröfserer Holzpflöckchen nach und nach derart aufgetrieben werden, dafs sie endlich das Fünf- und Sechsfache ihres natürlichen Volumens erreichen (so bei dem Zambesivolke der Manganja, bei den Musgu u. a.) — Vergl Peschel, Völkerkunde p. 247 — Ratzel, Völkerkunde, Leipzig 1887, I. Bd., p. 496 und 527, sowie Hellwald, die Erde und ihre Völker, p. 557.

[1]) Nach Ratzel (l. c., Bd. I, p. 69) schlagen sich noch heute die Batoka die oberen Vorderzähne aus, wodurch die unteren hervorwachsen und die Unterlippe vordrängen.

[2]) Nach Zurla ein altitalienisches Wort, das »Gold« bedeutet. Th. Fischer, l. c., p. 141.

Auch auf dem sogenannten genuesischen Codex[1]), den einzusehen der Verfasser leider keine Möglichkeit hatte, heifst es (Blatt 8a) nach Th. Fischer, l. c., pag. 141: »Ista vocatur montanea auri de qua extrahitur aurum de paxolla; per saracenos vocatur giber camr[2]) quod vult dicere mons Lunae...« Es ist also auch daselbst jene Goldinsel an den oberen Lauf des Niger verlegt, da man ja damals noch das fabelhafte Mondgebirge als den Quellherd von fünf den »Nilsee« bildenden Flüssen betrachtete, welch' letzterem der Nil-Niger entströmen sollte.

Übrigens hat bereits Edrisi (wohl nach ihm gewordenen Erzählungen marokkanischer Kaufleute) in eingehender Weise jene Goldinsel beschrieben[3]), und gerade dessen Angaben scheint Carignano seiner obenerwähnten Weltkarte zu grunde gelegt zu haben, da die beiderseitigen Mafsverhältnisse (nach Edrisi ist die Insel 300 Miglien lang und halb so breit gewesen) ziemlich genau übereinstimmen.

Wir haben es hier nach dem genannten arabischen Geographen mit dem »Inselland« der Wangāra zu thun, in welches alljährlich nach unserem Venetianer gewordenen Erzählungen durch die Fluten der Regenzeit so viel Gold angeschwemmt werde, dafs die dortigen Neger nach dem Fallen des Wassers lange Zeit beschäftigt seien, aus dem zurückgebliebenen Schlamm oder Sande das edle Metall zu sammeln.

Übrigens brauchen wir bei dem Worte »Inselland« trotz jener kartographischen Angaben wohl nicht sofort an eine wirkliche Insel zu denken. Denn wenn auch der Niger, der schon unter $10^0$ n. Br.[4]) das Berggebiet verläfst und in eine einförmige, bis gegen die Sahara hin sich erstreckende Ebene tritt, von da an ein schwaches Gefälle hat und bereits Neigung sich zu spalten zeigt, so sind die nach so kurzem Laufe von

---

[1]) Gewöhnlich als Itinerarium des Usodimare bezeichnet, stammt aus dem Jahre 1455 und ist in der Universitätsbibliothek zu Genua aufbewahrt.

[2]) Von den arabischen Schriftstellern Dschebbel el Komr genannt.

[3]) Edrisi, Description de l'Afrique et de l'Espagne, trad. par R. Dozy et M. F. de Goeje, Leyde 1866, pag. 7.

[4]) Seine Quelle liegt $8^0\ 20'$ n. Br. und hat 900 m absolute Höhe.

ihm gebildeten Flufsinseln doch keinesfalls von solchem Umfange gewesen, dafs deren geringe Bewohnerzahl eine den Schilderungen Cà da Mosto's nur einigermafsen entsprechende Wichtigkeit für den innerafrikanischen Gold- und Salzhandel hätte haben können. Im Gegenteil scheint es sich hier um das heute noch sehr goldreiche Gebiet Senegambiens zu handeln, welches vom Oberlaufe des Senegal, Gambia und Niger, sowie von den südlichen Zuflüssen derselben inselartig begrenzt erscheint[1]) und das namentlich im oberen Nigergebiete durch die von diesem Flusse häufig gebildeten beträchtlichen Wasserbecken und dessen netzartige Verzweigungen einen entschieden ausgeprägten Inselcharakter an sich trägt. Hier wohnen in der That jetzt noch die zu dem Mandingostamme gehörigen Wangara (Wankara) oder Wakori, die als Geschäfts- und Handelsleute[2]) jener Gebiete eine wichtige Rolle spielen.

So grofs aber auch in jenen Gegenden der Reichtum an Gold war und noch ist, so sehr fehlt es in ihnen an Salz, weshalb dieses daselbst als Leckerei betrachtet wird. »Die Neger zwischen Gambia und Niger«, erzählt Mungo Park in seinem 1799 erschienenen Reisewerk, »saugen an Salzstücken mit gleicher Begier, wie unsere Kinder an Süfsigkeiten. Von reichen Leuten sagt man dort, sie essen Salz zur Mahlzeit«.[3])

---

[1]) Auch Peschel (Geschichte der Erdkunde, pag. 128) verlegt, allerdings ohne Angabe von Gründen, das Goldland Wangara nach dem Quellgebiete des Niger. Dapper berichtet in seiner Beschreibung Afrikas (Amsterdam 1670 p. 330) ebenfalls, dafs »überflüssig viel Goldes von den Mandingern nach Melli gebracht worden«, allein er verzeichnet das Guangara regnum zwischen dem jetzigen Niger und dem Tsadsee und läfst es im S.O. an das ›Zanfarische‹ Königreich grenzen. Nach ihm wäre jenes Goldland an Stelle des heutigen Fulbestaates Sokoto gelegen gewesen, dessen südöstliche Landschaft in der That noch gegenwärtig den Namen ›Sanfara« trägt. — Dagegen hält Adrian Balbi's »Allgemeine Erdbeschreibung« (neubearbeitet von Chavanne, Wien bei Hartleben, 1884, Bd. 3 pag. 487) das heutige Reich Doma oder Kororofa (Wukari) längs des Benue für das erwähnte Goldland der arabischen Geographen des Mittelalters, obwohl der Goldreichtum jenes Gebietes viel zu wenig erwiesen erscheint.

[2]) Peschel, Gesch. der Erdkunde, pag. 128 Anm. 3.

[3]) Peschel, Völkerkunde, pag. 1˜5. — — Kapitän Gallieni, der Chef der 1880 von der franz. Regierung an den König Ahmadu von Segu am Niger

So war also während des Mittelalters vorzugsweise durch den Austausch der erwähnten Naturprodukte aller Handel zwischen dem Sudan und den westsaharischen Völkern, sowie der Berberei geradezu bedingt. Ja, jene Sudanneger lieferten zur Zeit Cà da Mosto's zum gröfsten Teile das Gold auch für den europäischen[1]), zum geringeren für den asiatischen Verkehr. Denn von Melli aus gelangte jenes edle Metall mittels Karawanen nicht blofs, wie bereits erwähnt, über Timbuktu nach Tuat und Tunis, Fefs, Marokko, Safi und den übrigen Orten der Berberei innerhalb und aufserhalb der Strafse von Gibraltar, sowie über Hoden nach Arguin und Nun, sondern auch von dort zu Schiffe nach Europa, — und ein erklecklicher Teil desselben wanderte, wenn auch die zwischen dem Niger und dem heutigen Nil gelegenen Länder, sowie die beide Flüsse verbindenden Karawanenstrafsen damals noch den arabischen und italienischen Kartographen wenig oder gar nicht bekannt waren, vom inneren Afrika über Gagho oder Gogo (das Cà

abgesandten Expedition, berichtet, dafs auf den wöchentlich stattfindenden Märkten in Segu, Boghe, Dongassu ein Block Steinsalz im Gewichte von 15 kg für 20—40,000 Kauris = 33—66 Frcs. feilgeboten wird. Petermanns Mitteilungen, Jahrg. 1882 pag. 84 u. ff.

[1]) Adolf Soetbeer weist in seiner Arbeit über die Edelmetall-Produktion (siehe Ergänzungsheft 57 zu Petermanns Mitteilungen) nach, dafs das sudanische Afrika auch noch im 16. Jahrh. neben Neu-Granada die nachhaltigste und bedeutendste Bezugsquelle dieses gesuchten Metalls für Europa blieb, bis mit dem 17. Jahrhundert Neu-Granada, mit dem 18. Jahrhundert Brasilien das entschiedene Übergewicht in dieser Beziehung gewann, und zugleich seine eigene Goldausfuhr mehr und mehr herabsank. Während diese nach Soetbeer's Schätzung am Ende des 15. Jahrhunderts (noch zu Cà da Mosto's Zeit!) circa 3000 kg jährlich betrug, reduzierte sie sich von da bis zur Mitte des 18. Jahrhunderts auf etwa 2000 kg, und heute dürfte sich dieselbe wohl kaum höher als auf 1500 kg belaufen (gegenüber 60,000 kg, welche je Nordamerika und Australien jährlich auf den Markt liefern). Trotzdem scheint die Goldproduktion Afrikas eine bedeutende Zukunft zu haben, zumal wenn an die Stelle der unkundigen und oberflächlichen Ausbeutung des goldhaltigen Bodens seitens der Eingeborenen eine systematische maschinelle Abbauung desselben durch kapitalkräftige europäische Gesellschaften tritt, womit bereits die Franzosen in Boure am oberen Niger, die Engländer in Südafrika (in Transvaal, am Tati) und neuestens in der Landschaft Wassa im westlichen Teile der Goldküste begonnen haben.

da Mosto'sche Cochia), einen der blühendsten Handelsplätze des Negerlandes bis zum 17. Jahrhundert, direkt nach Ägypten (Kairo) und Syrien. Mit Recht sagt deshalb Peschel über die damaligen Handelsverbindungen Innerafrikas mit dem entferntesten Westen, Norden und Osten des Erdteils:

»Die Kette war geschlossen, die vom Nil bis an den Ozean reichte, wenn auch die mittleren Glieder noch lange unsichtbar und unbekannt bleiben sollten« [1]).

## Das Reich Senega.

Vom Kap Blanco segelte Cà da Mosto weiter nach Süden, bis er an die Mündung des Senegals [2]) gelangte, welche bekanntlich bereits 1445 von einigen portugiesischen Schiffen unter Lanzarote entdeckt, aber nicht weiter erforscht worden war. [3]) Gleich den Arabern und den Kartographen des Mittelalters in dem Wahne befangen, dafs die meisten grofsen Ströme in ihrem Mittellaufe Bifurkationen bildeten, hielt auch Cà da Mosto den Senegal für einen westlichen Arm des Nils [4]), eine Vorstellung, welche, so heillos sie dem modernen Geographen erscheinen mufs, für das 15. Jahrhundert bis zu einem gewissen Grade entschuldbar war, wenn man die im ganzen äquatoriale Richtung der hier einschlägigen, damals blofs streckenweise bekannten Flüsse (Senegal, Niger, Komadugu, der Zuflüsse des Schari, des Bahr el Arab und des Unterlaufes des Bahr el Ghasal,) beachtet. — Vollkommen zutreffend sind dagegen seine Notizen über das Mündungsgebiet des Senegals. Er gibt die

---

[1]) Peschel, Zeitalter der Entdeckungen, pag. 84.

[2]) So benannte ihn Lanzarote nach dem anwohnenden Azanaghenstamme (Çanaga); die Eingeborenen hiefsen ihn Owedesch. Vergl. Ruge, Zeitalter der Entdeckungen, pag. 86.

[3]) Cà da Mosto schreibt zwar: » .. zu wifssen das es was bei funff(?) jaren/ ee vnd ich dise rayfs thet/ das diser flufs erfunden wurde.. « Allein dieser Irrtum läfst sich wohl dadurch erklären, dafs bei der Drucklegung des Originalmanuskripts das X mit V verwechselt wurde, was leicht geschehen konnte, da der italienische Text bei Zahlangaben lateinische Ziffern anwendete.

[4]) Auf der von Th. Fischer edierten Karte des Giacomo Giraldi di Venezia v. J. 1426 finden wir sogar den Wadi Draa mit dem Senegal-Niger und dem Nil in ein System verschmolzen.

Breite des Hauptmündungsarmes, welcher nach einem daran gelegenen Orte der Azanaghen Anterotte genannt wurde, auf eine Meile (Miglio) an, beschreibt uns die in der Mitte desselben liegende Insel, auf welcher später die Franzosen die Stadt St. Louis gegründet haben, sowie die von da ins Meer hinein sich erstreckenden Sandbänke, welche bekanntlich noch heute die Einfahrt in den Flufs erschweren, (»wer in disen Flufs faren will/ dem thut not das er far mit ordenung und achtung des wassers von wegen jener buhel«,[1]) sodann erzählt er, dafs zur Zeit der Flut »das aufsteygende Mer in diesen Flufs geet mer dann sechzig welsch meyl.«[2]) Auch den heute noch vorhandenen ältesten (nördlichen) Mündungsarm des Senegals, der aber durch die mehr und mehr vordringenden Dünenzüge der Küste einer gänzlichen Versandung entgegengeht, erwähnt Cà da Mosto (» e fa ancora un' altra bocca un po' più avanti«.)

Schon damals bildete der Senegal die Grenze zwischen den Wohnsitzen der braunen Berber-Mauren und der »vordersten morn«, der tiefschwarzen »Zilofi« oder Joloffen[3]), — sowie zwischen der Wüste und dem fruchtbaren Lande Senega (»grün vol der bawmen«), welches im Osten bis an das Land Tuchurot[4]), im Süden an das Reich Gambra, im Westen an den Ozean reichte.

---

[1] »Die Stadt St. Louis«, sagt der Afrikareisende Lenz, »liegt auf einer Sandinsel.... und ist vom Meere durch einen langen, schmalen Sandstreifen getrennt.... Die militärische Lage derselben ist insofern günstig, als feindliche Schiffe nur schwer über die Barre bis vor die Stadt dringen können...« Sievers, Afrika, pag. 397.

[2] Mit Benützung der Flut können heutzutage Seeschiffe sogar bis Podor gelangen.

[3] Ratzel behauptet, die Joloffen seien noch vor etwa 100 Jahren auf dem rechten Ufer des Senegals angesessen gewesen, hätten sich aber nach ihren Überlieferungen einst noch weiter nördlich ausgedehnt. Nach Faidherbe, dem langjährigen verdienten Gouverneur Senegambiens, ist ihre Nordgrenze in einem (Welchem?) Nebenflusse des Draa in jener »roten Ebene« zu suchen, welche nach Ptolemäus die Berber (Libyer?) von den Äthiopern trennen sollte. Darnach würden also die Joloffen einst über das Kap Bojador hinausgereicht haben. Ratzel, Völkerkunde, Bd. I pag. 646 u. ff.

[4] In der Übersetzung Temporals ist zu lesen »Tuchusor«, mufs aber offenbar »Tuchulor« heifsen. Die heutigen Tukulör (französisch Toucouleurs) sind sehr stark mit Fulbe und Joloffen vermischt, weshalb man öfters (fälsch-

Die Joloffen (Woloffen) standen zur Zeit Cà da Mosto's unter dem »Könige« Zuchalin, der eigentlich nur dem Namen nach eine Oberherrschaft über die im Lande zerstreuten Dorfhäuptlinge besafs und deshalb eine sehr klägliche politische Rolle spielte, während er seinen eigentlichen Unterthanen gegenüber so recht den launischen, habsüchtigen und grausamen Despoten hervorkehrte. Da er, wie unser Reisender bemerkt, nie sicher war, dafs jene kleinen »Vasallen« ihn absetzten und einen anderen seines Geschlechtes zum König ausriefen, so begnügte er sich mit dem sehr geringen Tribute an Vieh und Lebensmitteln, den dieselben ihm freiwillig boten.[1]) Sonst hatte er »nicht rent oder gult«. Dafür half sich aber der fürsorgliche Landesvater mit »ander rawberey«, indem er öfters eine beträchtliche Menge seiner Unterthanen zusammenfangen liefs und dieselben an Kaufleute der Azanaghen oder auch an die Portugiesen, seitdem diese mit ihnen zu kaufschlagen angefangen, als Sklaven verkaufte, beziehungsweise gegen Pferde, Stoffe oder andere Dinge vertauschte. Auch die Bestellung der täglichen Hoftafel machte ihm wenig Sorge. Er hielt sich in mehreren Dörfern seines Gebietes je 8—10 Frauen, von denen jede mittels Dienerinnen und Sklaven irgend ein Gut des Königs bewirtschaftete. Er selbst reiste im Lande umher, nahm bald in diesem, bald in jenem Dorfe bei einer seiner Frauen Herberge, und seine übrigen dortwohnenden Weiber mufsten ihm und seinem Gefolge Speisen liefern, »also das man«, sagt Cà do Mosto, »in einer stundt auff ein punkten do findt viertzig vnd funffzig gericht/ aber niemer nicht gibt er genugsam zu essen seynem volck/ also das sie stetigs hunger haben«.

Die joloffischen Männer und Frauen schildert uns Cà da Mosto als fast ganz unbekleidet, aber sauber am Leibe, [»wann

---

lich) ihren Namen von »two colours« ableitet. Sie wohnen am linken Ufer des Senegals.

[1]) Wie im 15. Jahrh., so ist auch heute noch bei den Joloffen die Regierung, an deren Spitze in Cayor und Ualo ein König steht, recht schwach. »Die Macht ist bei den Häuptlingen, die oft mehrere, oft nur ein Dorf beherrschen, und der König übt seine Oberherrschaft nur in Ausnahmefällen aus. Die Könige werden noch jetzt durch die Häuptlinge aus einer bestimmten Familie gewählt.« Ratzel, l. c., pag. 638.

sie waschen sich alle daselbst alle tag vier oder funff mal den gantzen leychnam,«]¹) aber höchst unreinlich beim Zubereiten der Speisen und beim Essen, geschwätzig, [»es seyn lewt von vil worten/ die vil reden vnd wollen niemer nicht ende machen jrer redt»,] auch lügnerisch und betrügerisch, jedoch sonst gutmütig und bis zu einem gewissen Grade gastfreundlich. Die Joloffen hatten damals bereits die stetig von Norden und Osten mehr ins Innere Afrikas vordringende Lehre Mohammeds angenommen; doch fand sie Cà da Mosto bei ihnen noch nicht allgemein eingeführt und überhaupt so stark befestigt, wie bei den Azanaghen. Die Häuptlinge und der »König« hielten sich einige arabische Priester, welche sie in der mohammedanischen Lehre fortwährend unterwiesen, während das gemeine Volk damals so ziemlich noch »one gesatze« lebte. Aber seitdem, erzählt Cà da Mosto, die Joloffen mit den Christen in Berührung gekommen, fänden sie viel weniger Gefallen an Mohammeds Lehre, »also das jnen wohlgefallen vnsere sitten«, und besonders wenn sie an die grofsen Schiffe und an die Reichtümer der Portugiesen dachten, stiegen ihnen Zweifel auf, ob nicht die Christen doch unter einem mächtigeren Gotte stünden, als die Anhänger Mohammeds.

Nach diesen Andeutungen unseres Venetianers, der ohne Zweifel vielfach Gelegenheit hatte, sich von der dortigen allgemeinen Volksstimmung in gedachter Beziehung ein klares Bild zu verschaffen, hätte man nun allerdings glauben sollen, dafs die christlichen Missionäre, die ja später den portugiesischen Entdeckern nachfolgten, gerade im Lande der Joloffen ein höchst fruchtbringendes Arbeitsfeld gefunden hätten. Wie bekannt, haben aber deren Bemühungen, — von den wenigen christ-

---

¹) Im Gegensatze hiezu sagt Bastian, er habe den widerlichsten Schmutz bei den Negern Senegambiens gefunden, die durch den Einflufs mohammedanischer Sitte sich mit schweren Kaftanen beladen und oft ihr ganzes Eigentum in diesem auf dem Leibe tragen. (Ratzel, l. c pag. 639.) Dadurch wird also der Satz, dafs eine bessere, umfangreichere Bekleidung kein absolutes Kulturmerkmal bilde, vollkommen bestätigt; jedenfalls dürfte es keineswegs unrichtig sein anzunehmen, dafs Nacktheit bei den Naturvölkern wenigstens die Sauberkeit und Reinlichkeit des Körpers fördere. —

lichen Proselyten in St. Louis, auf der Insel Goree und höchstens noch am unteren Gambia abgesehen, — in Senegambien so viel wie gar keine Erfolge aufzuweisen, während der Mohammedanismus nicht blofs an der Küste daselbst, sondern viel mehr noch landeinwärts am mittleren und oberen Senegal und Niger, ja namentlich durch den Bekehrungseifer des immer weiter vorrückenden wunderlichen Fulbevolkes bis nach Adamaua und zum Benue hin reifsende Fortschritte gemacht hat und ohne allen Zweifel in West- und Mittelafrika noch weitere machen wird. Es ist eben dieser im Gegensatz zum Christentum nachhaltigere Einflufs der mohammedanischen Religion auf die heidnischen Joloffen, wie auf die übrigen vorher dem Fetischismus ergebenen Negerstämme, in erster Linie darin begründet, dafs die Lehre des Propheten im grofsen und ganzen dem Schwarzen gestattet, auch ferner seine bisherigen Lebensgewohnheiten beizubehalten, während die Lehre Christi eine vollständige Änderung derselben kategorisch gebietet. So mufs insbesondere die von den Missionären geforderte Beseitigung der mit dem ganzen sozialen Leben Afrikas aufs engste verwachsenen Polygamie schon insofern bei jenen Völkerstämmen auf den ernstesten Widerstand stofsen, als ja — wie wir aus der von Cà da Mosto geschilderten Lebensweise der joloffischen Häuptlinge zur Genüge ersehen, — die afrikanische Frau fast ausschliefslich für den Unterhalt und ein behagliches Dasein des Mannes aufzukommen hat, und deshalb als ein förmliches Last- und Arbeitstier des letzteren erscheint, das, je zahlreicher es zu Gebote steht, desto gröfseren Wohlstand und Reichtum schafft, — während andererseits die Forderungen des Christentums unter förmlicher Vertauschung der Rollen nicht nur den Mann in den Vordergrund des Erwerbes stellen und somit dessen behagliches Müfsiggängerleben gefährden, sondern auch durch Einführung der Monogamie die materielle Lage desselben zu verschlechtern drohen würden. Dazu kommt noch, dafs der ungebildete Neger den in der mohammedanischen Lehre enthaltenen Begriff des einen, einheitlichen Allah viel leichter zu fassen im stande ist, als die komplizierteren Dogmen des christlichen Glaubens, abgesehen davon, dafs, wie Peschel (Völkerkunde, pag. 323) nicht mit Unrecht anführt, »die Verkündiger der Prophetenlehre in Afrika ganz unbesoldet und arm sind, während die christlichen Missionäre, obgleich sie Geringschätzung des Reichtums predigen, oft mit Überflufs sich umgeben« und so den Wilden gegenüber, die immerhin Wort und That ihrer Bekehrer zu vergleichen und abzuwägen in der Lage sind, ihren Missionszweck nicht erreichen. Überdies läfst sich nicht leugnen, dafs sich überhaupt der Neger dem ihm viel näher stehenden arabischen Wesen und Geschmacke, sowie der ihm ungleich verwandteren arabisch-mohammedanischen Sitte und sogar der arabischen Tracht mehr zuneigt und anschmiegt, als den europäisch-christlichen Lebensformen, so dafs sich die viel intensivere Beeinflussung auch der senegambischen Negerbevölkerung seitens des Mohammedanismus im Gegensatz zur christlichen Missionsthätigkeit nicht unschwer erklären läfst. —

Im weiteren Verlaufe seines Berichtes gibt uns Cà da Mosto Aufschlüsse über die Bewaffnung der Joloffen, die häufigen Kriege ihrer Häuptlinge unter einander und mit ihren Nachbarn, über ihre nautischen Leistungen, in denen sie es trotz der Nähe des Meeres und eines schiffbaren Stromes (wie alle Völkerstämme der Westküste) nicht über den Kahn hinausgebracht, sowie über ihre Handelsbeziehungen zu den Portugiesen, die seit einigen Jahren von Arguim aus, wenn auch in bescheidenem Mafse unterhalten wurden.

## Das Land Budomel.

Nachdem Cà da Mosto vom Senegal hinweg 50 welsche Meilen weiter südwärts gefahren, landete er an der Küste eines anderen joloffischen Negerstaates, der aber vom König Zuchalin vollkommen unabhängig war und nach dem Fürsten desselben »Budom oder Budomel« [1]) genannt wurde. Dieses Land der

---

[1]) Über die verschiedenen, zum Teil recht unwahrscheinlichen etymologischen Ableitungen und Deutungen dieses Wortes siehe Peschel, Geschichte der Erdkunde, pag. 195 Anm. 3. — Zweifellos hängt dasselbe mit Bor oder Bour, in der Joloffersprache = König, und mit Damel = Häuptling zusammen. [Heutzutage heifst der Fürst von Cayor noch der »Damel« von Cayor.] Bourdamel (Budomel) bedeutet also so viel als »König der Häuptlinge«, welcher Herrschertitel, wie so oft, auch auf das Land selbst überging.

Schwarzen, gleichfalls »ein nider erdtrich one gebirge«, findet sich zum ersten Male verzeichnet auf der Seekarte des anconitanischen Kartographen Grazioso Benincasa v. J. 1468, welche im britischen Museum zu London aufbewahrt ist und erst 1893 von dem bereits erwähnten Engländer Henry Yule Oldham veröffentlicht wurde. Da dieselbe auch sonst viele auf Cà da Mosto's Entdeckungsreisen bezügliche geographische Namen und Einzelnheiten sehr genau verzeichnet, ist es nicht unwahrscheinlich, dafs sie von ihm selbst beeinflufst oder wohl gar in manchen Stücken ergänzt worden ist, da ja Benincasa meistens in Venedig arbeitete und namentlich zur Zeit der Entstehung jenes Portulans (1468) mit Cà da Mosto in dessen Vaterstadt sich aufgehalten hat.

Die Verlässigkeit derselben vorausgesetzt, dürfte sich das »Königreich« Budomel südwestlich nahe bis zum Kap Verde ausgedehnt haben und im Nordwesten von einer schmalen, ziemlich tief eingeschnittenen, durch eine vorgelagerte Insel nahezu abgeschlossenen Meeresbucht begrenzt gewesen sein, in welch letztere ein kleiner Flufs mündet [1]).

Nun gibt es aber auf der ganzen Küstenstrecke zwischen der Senegalmündung und dem grünen Vorgebirge lediglich eine einzige nennenswerte Bai, die sich südlich von Lebar bis zur französischen Citadelle Gandiole (siehe »Andree's Allgemeiner Handatlas«, Karte Nordwestafrika) in nord-südlicher Richtung erstreckt. Ein Vergleich des Portulans Benincasa's mit einer modernen Spezialkarte von Senegambien zeigt jedoch, dafs wir den in Frage stehenden Meereseinschnitt viel weiter nach Süden zu verlegen haben, und dafs derselbe etwa nahe dem heutigen französischen Fort Mbidjem bis gegen Put hin verlaufen sein müsse. In der That finden wir nun nach der angedeuteten Richtung — zwar keine Bai mehr, aber dafür mehrere zusammenhängende Strandseen verzeichnet, so dafs die Vermutung zulässig erscheinen mag, dafs jener kleine Meeresteil infolge der

---

[1]) Landeinwärts an jenem Flüfschen scheint der Hauptflecken Budomels gelegen zu haben, denn eine hierauf bezügliche Stelle in der, in der Nürnberger Stadtbibliothek aufbewahrten »Geographia artificialis autore Henrico Scherer, Monachii 1703«, sagt ausdrücklich: »Budamella caput regni Jaloffum ad amnem modicum non procul a Senega flumine . . . «.

kombinierten Thätigkeit von Meer und Flufs sich im Laufe der Jahrhunderte in die an seiner Stelle heute vorhandenen Relikten- oder Aufstauungsseen aufgelöst habe [1]). Auf jeden Fall ist so viel klar, dafs wir uns das Gebiet Budamels im südlichen Teile des heutigen französisch-senegambischen Verwaltungsbezirkes Cayor zu denken haben. Cà da Mosto hatte bereits früher von Portugiesen, welche mit dem »König« Budomel in Beziehungen gestanden waren, vernommen, dafs derselbe im Gegensatze zu seinen treulosen und unzuverlässigen Stammesgenossen ein redlicher Mann sei, dem zu trauen wäre, und der auch gewissenhaft bezahlte, was er jemand abkaufte. Als er ihm durch Dolmetscher seine An- kunft hatte mitteilen lassen, kam Budomel in Begleitung von ungefähr 15 Reitern und 150 Fufsknechten an das Gestade, und unser Venetianer gab demselben anstandslos von seinen mitgebrachten Waren, was er begehrte: spanische Pferde, wollene Tücher, Kleider und sonstige »kauffmanschafft«, was ihm alles zusammen nicht über 300 Dukaten gekostet hatte. Budamel bat ihn, er möge mit ihm in seine (bei 250 welsche Meilen vom Senegal entfernte) »Residenz« ziehen, dort solle er etliche Tage bleiben, dann werde er ihm für das gekaufte Gut 100 Sklaven liefern. Cà da Mosto schickte sein Schiff hinweg, das sich 3 Meilen von der Küste einen sicheren Ankergrund wählte, und zog mit ihm zu Lande weiter. Unterwegs — 4 Meilen von seiner »Residenz« entfernt — übergab Budomel unseren Reisenden seinem Neffen Bisworor, der der Häuptling (Damel) eines Dorfes war, durch das sie kamen. Dort brachte Cà da Mosto 28 Tage zu — im »November« [2]) 1455 — (»... li stetti cerca zorni XXVIII che iera nel mese de Nouemb...«), während welcher Zeit er oft den Fürsten Budomel in Gesellschaft von dessen Neffen besuchte. — In vollen 14 Kapiteln verbreitet sich unser Reisender in klarer, eingehender Weise über die

---

[1]) Vergleiche Günther, Lehrbuch der Geophysik und physikalischen Geographie, Stuttgart, 1885, Bd. II, pag. 475.

[2]) Offenbar ein Verdruck, da die Ausfahrt Cà da Mosto's aus dem Hafen von Lagos nach seiner eigenen Angabe am 22 März 1455 und seine Rückreise anfangs Juli ejusdem anni erfolgt ist.

Beschaffenheit und die Zustände dieses Negerreiches, über die Bauart des »Palastes« Budomels, sowie seiner Dörfer, über seine Weiber- und Dienerschaft, über das Zeremoniell bei seinen »Audienzen«, über den dortigen mohammedanischen Kultus in der Moschee (»Mosthea«), über die Jahrmärkte, über die primitive Art des dortigen Landbaus, über die Bereitung, Verwendung und die Ausfuhr des Palmweins (Mignol) und Palmöls, über die Naturprodukte, die wilden und Haustiere, Schlangen, Vögel und Insekten des Landes [1]).

Ein so scharfer Beobachter aber Cà da Mosto auch war, als »Kind seiner Zeit« glaubte er gleichwohl an die Existenz mancher Fabeltiere, wie wir solche noch auf vielen Karten des 15. Jahrhundert verzeichnet finden. — [Es sei nur an die genuesische Weltkarte v. J. 1447, an den Behaim'schen Globus von 1492, wo südlich der Kapverden sogar Weiber mit Fischleibern (Sirenen) zu sehen sind.] So berichtet uns derselbe beispielsweise von giftigen Schlangen mit Flügeln und Füfsen, sowie von Wasserschlangen (Calchatrices), die nebst vielen den unserigen sehr unähnlichen Fischen die Weiher und Teiche des Landes Budomel bevölkern sollten. Auch scheint er überzeugt gewesen zu sein, dafs die Neger die Schlangen zu »beschwören« verstünden, auf dafs sie ihnen, wie ihrem Vieh, nicht schädlich werden konnten. König Budomel selbst war, wie Cà da Mosto des breiteren erzählt, hierin wie in der Bereitung von Schlangengift, ein »grofser mayster«.

---

Inzwischen war fast ein voller Monat vergangen, seitdem unser Reisender sich im Lande Budomel aufgehalten, und er beschlofs nunmehr zu seinem Schiffe zurückzukehren, um so mehr, als gerade damals heftige Stürme seine Anwesenheit auf demselben dringend erheischten. Zwei Neger erboten sich, trotz der durch viele Sandbänke und Bühel gefährlichen Brandung Botschaft nach dem 3 welsche Meilen von der Küste

---

[1]) Der Verfasser hat zwar die von Cà da Mosto im Lande Budomel gemachten Erfahrungen eingehend erörtert und einer kritischen Würdigung unterzogen, diese seine Ausführungen jedoch hier schliefslich weggelassen, um den Umfang vorwürfiger Arbeit nicht ungebührlich zu vergröfsern.

ankernden Schiffe zu bringen, welches Wagestück auch der eine derselben glücklich ausführte (»darumb halte ich es gentzlich dafur/ das dise Moren seyn die besten schwimer/ so mans in der welt mag finden«).

Da Cà da Mosto schon seinerzeit von dem Infanten Heinrich und von anderen Seiten vernommen hatte, dafs nicht weit von »diesem vordersten reyche der morn Senega« gegen Süden ein anderes Negerreich — Gambra genannt — gelegen sei, wo man nach den Aussagen gefangener, nach Portugal gebrachter Schwarzer Gold in grofser Menge vorfände und wo schon gar mancher Christ, der dahin gekommen, grofse Reichtümer erlangt habe, so regte sich auch in ihm die Begierde, jenes Goldland aufzusuchen, sowie noch andere, ferner gelegene Länder und deren Seltsamkeiten kennen zu lernen (»zw erfinden newe lande vnd dem gelucke nach zu Rayfsen« — »prouare la ventura«.). Nachdem also Budomel ihn für die empfangenen Waren mit einer »Summa von sklauen«, wie es scheint, vollauf entschädigt hatte, fuhr er mit seinem inzwischen herbeigesegelten Schiffe in südlicher Richtung weiter. Da sahen eines Morgens seine Leute in einiger Entfernung zwei grofse Schiffe, welche unter der Führung des Genuesers Antoniotto Usodimare[1]) und eines ungenannten Portugiesen (beide im Dienste des Infanten) dem bereits 1445 [2]) durch Diniz Diaz entdeckten grünen

---

[1]) Nicht zu verwechseln mit Antonio de Noli, ebenfalls einem Genuesen, von dem später die Rede sein wird. Wie Temporal und Santarem, so behauptet auch H. Major und neuestens Charles Schefer (Relation des voyages etc., Paris, Leroux 1895), dafs beide eine und dieselbe Person seien (»un noble Génois, Antonio de'Nolli, plus connu sous le nom de Uso di Mare«. (Einleitung pag. XI.) — Allein Amat di S. Filippo hat schon 1880 (Boll. soc. geogr. ital. Bd. XVII, S. 138) nachgewiesen, dafs die Usodimare und die Nolis zwei verschiedene, wohlbekannte genuesische Familien sind (»e notorio che gli Usodimare ed i Noli erano due diversi famiglie esistenti in Genova per tutto il secolo XV«.) Siehe Petermanns Mitteilungen 1896, Litteraturbericht Nr. 363 von S. Ruge.

[2]) In der deutschen Ausgabe von Jobst Ruchamer heifst es, das Kap Verde sei entdeckt worden »bei eynem Jare ee dann ich (= Cà da Mosto) jn dise landt kame«, statt 10 Jahre vorher, — eine unrichtige Angabe, die ohne Zweifel nicht unserem Gewährsmann zur Last fällt. Wie bereits erwähnt,

Vorgebirge zusteuerten, und denen sich Cà da Mosto, der das gleiche Ziel verfolgte, mit Freuden anschloſs. Bei günstigem Winde bekamen sie, immer möglichst nahe an der Küste sich haltend, nächsten Tages das genannte Kap in Sicht, dessen Entfernung von seiner Abfahrtsstelle in Budomel unser Reisender auf 40 welsche Meilen schätzt.

## Am Kap Verde.

Das Kap Verde, mit grünen Bäumen geschmückt und mit zwei Gebirgsrücken weit ins Meer reichend, fand Cà da Mosto unmittelbar an der Küste mit vielen Strohhütten besetzt, deren Bewohner ebenfalls zum Reiche Senega gehörten. Ganz in der Nähe sah er drei kleine, ebenfalls mit Bäumen bestandene Inseln, auf deren gröſste und anscheinend fruchtbarste er zusteuerte, da er dort Wasser zu finden hoffte; sie war zwar ziemlich arm an letzterem, um so reicher aber an Vogelnestern und Eiern. Mit dieser Insel kann nach Lage und natürlicher Beschaffenheit wohl nur das einen Kilometer vom heutigen Dakar entfernte Gorée gemeint sein, das, wie Lenz erzählt, ebenso wenig wie St. Louis und Dakar, Brunnen besitzt, sondern sich heute noch während der trockenen Jahreszeit entweder mit Zisternen behelfen muſs, die Regenwasser enthalten, — oder von Schiffen mit Süſswasser vom Senegal her versehen wird.[1]

Stets nur bei Tage segelnd, fuhren sodann die drei Schiffe vorsichtig weiter. Immer üppiger wurde die Vegetation, der im ganzen flache Strand zeigte abwechselnd sanfte, bewachsene Anhöhen, liebliche Bäche nahmen den Weg zum Meere, so daſs Cà da Mosto die Schönheit dieses Gebiets mit erhabenen Worten preist. Dort hausten zwei schwarze Völkerstämme, die Barbazini[2] und Sereri, welch letztere bekanntlich noch

---

bedient sich der italienische Text bei Zahlangaben stets der römischen Ziffern, so daſs von dem Übersetzer oder Drucker leicht X für V oder gar I gelesen werden konnte. [Vergleiche die Zeitangabe bezüglich der Entdeckung Porto Santos.]

[1] Sievers, Afrika, p. 398.
[2] Dapper sagt in seiner »Beschreibung Afrikas« (Amsterdam 1670) pag. 367: »Nach dem Königreiche Zenega folgen am Seestrande die Völker

heute, mit Joloffen vermischt, den westlichen Teil Senegambiens etwa vom 15.⁰ n. Br. bis zum Gambia einnehmen. Nachdem das kleine Geschwader alsdann (vom grünen Vorgebirge bei 60 welsche Meilen entfernt) die Mündung eines einen Bogenschufs breiten Flusses vorbeipassiert war, welchen Cà da Mosto nach dem erwähnten anwohnenden Negerstamme Barbesini [1]) nannte, erblickten die Entdeckungsreisenden die Mündung eines weiteren, etwas gröfseren Flusses, der — wie es schien — ein reichlich mit Wäldern geschmücktes Land durchschnitt. In der Überzeugung, dafs sie es hier mit dem gesuchten Goldlande Gambra zu thun hätten, beschlossen die drei Schiffskommandanten, einen Dolmetscher zu landen, der bei den Eingeborenen Erkundigungen einziehen sollte, namentlich »ob man daselbst golde funde vnd ander Ding das vnnsers kauffs were«. Inzwischen hatte sich der Strand mit Wilden gefüllt, welche mit Bogen und Schwertern bewaffnet waren und offenbar den Weifsen die Landung verwehren wollten. Kaum war der Dolmetscher ans Land gestiegen, als er schon bei seinen ersten Worten niedergeschlagen wurde. Empört über diesen ungastlichen Empfang setzten die drei Kapitäne ihre Fahrt gen Süden fort, immer der flachen Küste entlang, welche nach Cà da Mosto's

---

Barbeziner oder Berbeziner, welche . . . zwey Königreiche Ale und Brokallo besitzen; welche gleichwohl andere vor sonderliche Königreiche halten. Die Hauptstadt/ da der Barbezinerkönig Hof helt/ wird Jongoo genannt . . . . dichte bey diesen Völckern und recht gegenüber liegen am Seestrande unten bey dem Grühnen Ecke drey Inseln der Barbeziner, wiewohl unbewohnet . . .«.
— Die Etymologie des Wortes Barbasini betreffend, dürfte es kaum zweifelhaft sein, dafs dasselbe eine Verstümmlung für bour — ba — Sine (König von Sine) darstellt. Sine ist bekanntlich noch heute der Name einer Landschaft des französischen Senegambiens, südlich von Cayor.

[1]) Oldham legt in seiner Abhandlung: »The discovery of the Cape Verde Islands«, dem Cà da Mosto die Worte in den Mund: ›I have named it so on the chart which I have made«, welche sich aber weder in der italienischen Ausgabe v. J. 1507, noch in der deutschen Übersetzung des Jobst Ruchamer finden. In der französischen Ausgabe Temporal's ist jedoch ebenfalls hinzugefügt: » . . . et est ainsi noté sur la carte de naviger de ce païs«. Die englische Übersetzung (Hakluyt's) stand dem Verfasser nicht zu gebote.

Schilderung, je weiter sie kamen, einen desto freundlicheren Anblick darbot[1]). Gröfsere Flüsse jedoch existieren zwischen Senegal und Gambia nicht. Auf dem mehrmals erwähnten Portulano Benincasa's v. J. 1468 finden wir zwar südlich vom Kap Verde die Mündung eines »barbacis« genannten Flüfschens verzeichnet, das jedenfalls mit dem oben angeführten Flusse Barbasini identisch ist, und in welchem wir wahrscheinlich den Küstenflufs, an dessen Meereseintritt heute die Stadt Joal liegt, zu suchen haben, da auch die kartographischen Distanz- und Gliederungsverhältnisse ihrer Mündungen auffallend übereinstimmen und in der östlich von letzterem Flusse unmittelbar sich erstreckenden Landschaft Sine der Volks- und Flufsname Barbasini noch heute nachklingt.

In geringem Abstande vom Gambia verzeichnet der Portulan Benincasa's den »rio de bacos« oder vielmehr nur dessen Mündung, in der Mitte eines halbkreisförmigen, nördlich und südlich je von einem Vorgebirge flankierten Meereseinschnittes gelegen, sowie von einem Archipel umgeben. Dieser rio de bacos ist nichts anderes als der heutige Saloum, dessen Mündung in der That nördlich von der Sangomarspitze und südlich von einem dem Jombasmündungsarme vorliegenden unbenannten Kap begrenzt ist und eine Anzahl von Düneninseln aufweist, von denen Ndioior die bedeutendste ist.

Den Hauptflufs des Reiches Gambra hatten sonach Cà da Mosto und seine Genossen noch nicht erreicht; erst andern Tages ankerten sie an der Mündung eines grofsen, 6—8 und an der schmalsten Stelle 3—4 welsche Meilen breiten Stromes, in den sie weiter hineinzusegeln beschlossen, um das ihn umgebende rätselhafte Land näher zu erforschen. Es war der Gambia.

## Auf dem Gambia.

Als man bei genauerer Untersuchung das Wasser dieses Flusses mindestens »4 Schritte« tief gefunden, fuhr Cà da Mosto

---

[1]) In dieser Schilderung der auf das Kap Verde folgenden Küstenstrecke stimmt neben anderen Pechuel-Loesche vollkommen mit Cà da Mosto überein in des ersteren »die Loango-Expedition«). Vergleiche Sievers, Afrika, pag. 117.)

immer mit einem kleinen Sondirungsboote an der Spitze — zwei Meilen weit den Flufs hinauf, als plötzlich an einer Stelle, wo ein Flüfschen in den Strom mündete, drei mit 25—30 Eingeborenen benannte Kähne (Einbäume, »fattisi dintorno ai legni«) zum Vorschein kamen, deren Insafsen mit höchstem Erstaunen die Weifsen und deren Fahrzeuge begafften, ohne dafs sie (trotz aller möglichen »frewntlichen zaychen«) zum Herankommen zu bewegen waren. Als am nächsten Tage die ganze Flottille vier Meilen weit in den Strom segelte, erschienen hinter ihr in 17 Kähnen bei 150 starkgebaute, in weifse Baumwollhemden gekleidete Wilde, welche, sobald sie sich von ihrer ersten Überraschung erholt hatten, die Ruder niederlegten und ihre Bogen schufsfertig machten. Die Portugiesen kamen ihnen aber zuvor und schossen vier in das Wasser gezielte »grofse Büchsen« (Kanonen) ab, so dass die Eingeborenen ihre Bogen sinken liefsen und entsetzt in das aufgeregte Wasser blickten, in das die Steinkugeln gefahren waren. Aber schnell erhoben sie neuerdings ihre Bogen mit grofser Kühnheit, worauf es zu einem scharfen Scharmützel kam, das mit dem Untergange vieler Neger und dem Rückzuge der übrigen endete.

Die drei Schiffskommandanten wären nun gerne den Gambia noch weiter hinaufgefahren, in der Hoffnung, landeinwärts auf friedfertigere und zugänglichere Stämme zu stofsen, — war es ihnen doch vor allem darum zu thun, nicht blofs neue Ländergebiete zu entdecken, sondern mit der Bevölkerung derselben friedliche Handelsgeschäfte zu treiben, »vmb etwan leychtlich zu gutem gelücke zw kummen«. Allein die Bemannung ihrer Schiffe widersetzte sich, sei es aus Furcht vor weiteren Fährlichkeiten, sei es aus Sehnsucht nach der Heimat, einer weiteren Ausdehnung der Fahrt, und so sahen sich Cà da Mosto, wie seine beiden Kollegen gezwungen, zu Anfang des Heumonds (Juli) 1455 die Rückreise nach Portugal anzutreten, die auch glücklich von statten ging [1]).

---

[1]) Dafs Cà da Mosto's Rückkehr von jener Entdeckungsfahrt wirklich vor Ablauf des Jahres 1455 stattgefunden, beweist der bereits früher erwähnte Brief Usodimare's vom 12. Dezember 1455, den er an seine Gläubiger in Genua richtete, um sie zu beruhigen. [Denn, sagt Schefer (l. c.,

# Cà da Mosto's zweite Reise.

## Entdeckung der Kapverden.

Unser junger Venetianer scheint auf seiner ersten Fahrt seine Rechnung gefunden zu haben; denn schon im nächsten Jahre — 1456 — rüsteten er und Antoniotto Usodimare auf eigene Kosten zwei Schiffe aus, um neuerdings den Gambia zu besuchen, welcher Expedition der Infant Heinrich eine dritte, von ihm selbst mit allem Nötigen versehene Karavelle zugesellte. Anfangs Mai, nach dem Wortlaute mehrerer Ausgaben anfangs März[1]) fuhren die drei Schiffe bei günstigem Winde vom Hafen Lagos (Lanchus) ab.

».... partessemo de loco chiamato Lanchus che apresto Capo san Vicenzo nel principio del mese de Mazo (= Maggio) cum uento prospero«, berichtet Cà da Mosto nach dem Wortlaute der Vesputius-Ausgabe v. J. 1507, während z. B. der deutsche Text sagt: »..... also zohē wir weck von einē ende genandt Lanchus.... jn dē anfang des mertzen...«.

Obwohl sie schon nach wenigen Tagen die Kanarien in Sicht bekamen, landeten sie gleichwohl nicht daselbst, sondern segelten »stettigs furan hyn mit mittag winde[2]) jren weg«, bis sie das Capo biancho erreichten. ».... et hauē do uista

---

pag. 123 Anm.), »le mauvais état de ses affaires..... l'eut forcé à abandonner sa patrie et à se refugier à Seville où il comptait les retablir. Mais les poursuites de ses créanciers l'obligèrent à émigrer à Lisbonne où il offrit à Dom Henri ses services pour, avec un navire lui appartenant, aller à la recherche de terres inconnues«]. In jenem Briefe, in welchem er allerdings auch ziemlich phantastische Berichte über seine Erlebnisse auf der gedachten Reise zum besten gab, werden die von Cà da Mosto erzählten Einzelnheiten fast durchweg bestätigt. Veröffentlicht wurde dieser Brief von Gråberg (di Hemsoe) in den »Annali di geografia e di statistica«, Genua 1802.

[1]) Über den Anfangstermin dieser 2. Reise Cà da Mosto's — eine, wie wir sehen werden, für die Beurteilung seiner Schriften sehr wichtige Sache — herrscht in den verschiedenen Ausgaben seiner Berichte keine Übereinstimmung.

[2]) Offenbar ein Druckversehen (statt »mitternacht winde«); im italienischen Text heifst es ausdrücklich »cum uento prospero«, und die französische Übersetzung Temporal's bemerkt ebenfalls »pour ce que le temps nous favorisoyt tousjours«, so dafs also hier von einem Südwinde nicht die Rede sein kann.

d'esto capo se largassemo un poco imar: et la nocte seguente ne a fazo un temporal de garbin (Südwest) cum uento forteuole: diche per non tornar indriedo tegnessemo la uolta di ponente et maistro (= Nordwest) saluo el uero per riparar et costizar el tēpo doe nocte e III zorni; el terzo zorno hauessemo uista de terra cridando tuti terra terra.... «, und der deutsche Text (1508) sagt: »..... vnd als wyr sahen dyses orte (scil. capo biancho)/ zuegen wier weytter ein wenig inn das mere/ vnd die nacht hernach volgende wanten wir vns gegem nidergang mit starkem winds [welchem?!] vnd schyfften daselbst an den stramen zwo necht vnd drey tage/ am drytten tage hetten wir ein gesicht des landes/ schryhē alle Terra terra ...«

Das soll doch also heifsen:

Als Cà da Mosto und seine Gefährten das weifse Kap umsegelt hatten, steuerten sie weiter gen Süden, wurden aber in der Nacht darauf von einem Sturme (aus Südwest) überrascht, welcher sie 3 Tage und 2 Nächte gen Westen, beziehungsweise Nordwesten trieb, worauf sie plötzlich Land sahen. —

Höchlichst erstaunt und erfreut, denn niemand dachte im entferntesten daran, hier Land zu finden, schickten die Schiffskommandanten 2 Mann in den Mastkorb, welche in ziemlicher Nähe zwei Inseln erblickten. Sie liefsen die Anker auswerfen (das Unwetter mufste bereits ausgetobt haben, denn unser Gewährsmann fügt bei: »vnd hetten gut wetter«), und bis an die Zähne bewaffnet, fuhren mehrere Matrosen in einer Barke auf die nächste Insel zu, die sie vollkommen unbewohnt fanden und Boa vista[1]) tauften; nur riesige Mengen von Tauben[2]) trafen sie an, welche sich mit den Händen fangen liefsen und deren sie viele auf ihre Schiffe brachten. Von einem Berge derselben sahen sie 3 Inseln vor sich liegen »gegen mitternacht eine nach der andern gelegen«, zwei in südlicher (die heutigen

---

[1]) ».... per essere la prima uista di terra in quelli parti.« Cà da Mosto. — »Das Gutgesichte/ wann dise jnsel was das erst gesichte des landes/ so wir hetten in dysen landen«. In Ruchamers Übersetzung.

[2]) ».., grādissima copia de colōbi li q̄li se lassauano pigliar cū le mā...« Cà da Mosto.

Mayas und São Thiago) und eine in nördlicher Richtung (das
schon mit Boa vista anfänglich gleichzeitig wahrgenommene Sal,)
während von Westen her unklare Umrisse ebenfalls die Existenz
von Inseln anzeigten. Aber da Cà da Mosto letztere ebenfalls
unbewohnt glaubte (»ich mocht auch nicht daselbst hineyn-
schyffen/ nach dē ich nicht zeyth hete sunder veruolgte meinē
wege/ gedacht auch sie wern wüste vnd vnbesetzet wie die
andern ytzgemelten jnseln waren«), so vertrug er keine Zeit
mit einer Rekognoszierung derselben, sondern segelte direkt
auf das gröfsere der zwei südlich von Boa vista gelegenen
Eilande zu, welches einen ziemlichen Baumwuchs, Salzlager und
einen Flufs aufwies, der »so grosse war das wohl hinein mochte
geen ein schyff bei 120 zentner geladen vnd was breyte eines
guten bogē schusses . . .« Diese Insel, welche ihnen überhaupt
die gröfste von allen zu sein schien, nannten sie »Insel des
hl. Jakob«, »per che el zorno de san philippo iacomo uenissimo a asta isula a metere anchora« (»wan an sant Philipp
vnd Jakobstage kamen wyr in dise jnseln vnd warffen do
vnsere enkher ein«).

Nachdem sie daselbst Salz und Wasser an Bord genommen
und viele Tauben, Schildkröten, sowie eine grofse Menge in Unzahl
vorhandener Fische gefangen hatten, segelten sie noch am selben
Tage von den neuentdeckten Inseln weg und richteten ihren
Kurs gegen Kap Verde. So unser Gewährsmann.

Wir sehen also, dafs Cà da Mosto mit unzweideutigen
Worten auf den Ruhm Anspruch macht, der (erste) Entdecker
der Kapverden zu sein, wogegen er zugibt, dafs »später andere«,
durch seine Entdeckung angelockt, diese vervollständigten und
die Gesamtzahl jener Eilande auf 10 [1]) feststellten.

## Würdigung der Angaben Cà da Mosto's bezüg-
lich der Entdeckung der Kapverden.

Bei der Prüfung der naheliegenden Frage, auf welche
zeitgenössische urkundliche Feststellung denn unser Venetianer

---

[1]) In Wirklichkeit besteht jener Archipel (von den kleinen Klippen-
eilanden abgesehen) aus 11 Inseln.

diesen seinen Anspruch zu stützen vermöge, dürfen wir nicht unbeachtet lassen, dafs gerade um die Mitte des 15. Jahrhunderts, seit dem Regierungsantritte Alfonsos V. (1448), die bis dahin so pünktlich vollzogene offizielle Registrierung aller auf die Erforschung Westafrikas bezüglichen Begebenheiten für längere Zeit gänzlich vernachlässigt, ja überhaupt unterlassen wurde. Ein staatsurkundlicher Nachweis steht also seiner behaupteten Entdeckung nicht zur Seite.

Die Glaubwürdigkeit und Zuverlässigkeit unseres Reisenden zunächst vorausgesetzt, mufs man nun allerdings annehmen, derselbe habe, wenigstens nach seiner Heimkehr, dem Infanten von der gemachten Entdeckung Kunde gegeben, und dieser habe entweder behufs Wiederauffindung und näherer Erforschung des beregten Archipels eine neue Expedition ausgesandt, oder aber er habe überhaupt der Entdeckung wenig oder gar keinen Wert beigelegt und deren weitere Ausnützung unterlassen.

Wenn man bedenkt, dafs der Infant gerade damals, nachdem seine Schiffe bereits bis zum ghanatischen »Nilgoldflufs« (Senegal-Gambia) vorgedrungen waren, alles daransetzte, dafs dieselben auch möglichst bald und unter allen Umständen das rätselhafte Goldland Ganuya selbst, sowie das ersehnte »Land des Erzpriesters Johannes« und Indien erreichen möchten, so wäre man fast versucht, der letzteren Annahme beizupflichten, — dafs er nämlich in der That der Auffindung von Inselchen wenig Bedeutung beigemessen hätte, welche ziemlich weit ablagen von jener Wegrichtung, die einzuschlagen er seine Seeleute angewiesen, noch dazu von Inselchen, die der Entdecker selber als unbewohnt, öde und unergiebig schildern mufste und denen er eben deshalb schon nach 48 Stunden den Rücken gekehrt hatte, ohne sie nur der Mühe einer genaueren Durchforschung wert zu halten [1]).

---

[1]) Diese Handlungsweise Cà da Mosto's dürfte um so weniger befremden, als sich ja auch alle späteren Reisenden, die die Kapverden, insbesondere die von dem Venetianer berührten östlichen Eilande jenes Archipels, besuchten, in gleich ungünstigem Sinne aussprechen. So schreibt ein gelehrter Reisender der neuesten Zeit: »Die Inseln Boa vista und Sal haben den nämlichen

Indes erscheint doch viel wahrscheinlicher, dafs der Infant auf die Kunde von der neuen Entdeckung Cà da Mosto's hin — abermals Schiffe ausgesandt habe, die jene Eilande aufsuchen und näher in Augenschein nehmen sollten, — eine Annahme, die durch ein unverwerfliches historisches Zeugnis gestützt wird. Wie Hugues in seiner »Storia della geografia« berichtet, sagt der portugiesische Geschichtsschreiber Galvão in dieser Beziehung (in italienischer Übersetzung): »... i Noli[1]) avevano ottenuto da D. Enrico il permesso di scoprire più da vicino le isole del capo Verde, dal che si potrebbe trarre la conseguenza che l'Infante D. Enrico avesse notizia dell' esistenza di quelle isole, grazie alle scoperte anteriori de Cadamosto.«

Sonach dürfte die Behauptung nicht unberechtigt erscheinen, dafs der Infant in der That die Erzählung unseres Venetianers über die von ihm gemachte Entdeckung nicht blofs gekannt, sodern auch geglaubt hat, wenn auch leider keine offizielle Verlautbarung dieser Thatsache stattgefunden hat. Gleichwohl sind später, namentlich aber in unserem Jahrhundert, sehr gewichtige Einwände gegen die Wahrhaftigkeit und Glaubwürdigkeit der diesbezüglichen Mitteilungen Cà da Mosto's erhoben worden, da letztere vielfach mit den thatsächlichen natürlichen Verhältnissen jener Inselgruppe nicht im Einklang stünden und überhaupt mehrere innere Widersprüche enthielten, — lauter Anklagen, welche, wenn sie nicht widerlegt werden könnten, die Zuverlässigkeit und Geltung seiner Schriften überhaupt zu zerstören geeignet wären.

---

sterilen sandigen Charakter wie Mayo«, (auch São Thiago schildert derselbe nicht viel anziehender), »namentlich klingt der Name Boa vista wie Hohn, wenn man diese langweilige, von Sanddünen bedeckte Insel . . . damit in Verbindung bringt, die so an die Wüste erinnert, dafs die Einwohner behaupten, es wäre der Sand der Sahara, der ihre Insel bedeckt habe. Boa vista ist ein Schrecken der Seefahrer . . . .« u. s. w. (Doelter C., Über die Capverden nach dem Rio grande und Futah Djallon, Leipzig 1884, pag. 33).

[1]) Damit sind gemeint der im Dienste des Prinzen Heinrich stehende Genuese Antonio di Noli, sein Bruder Bartholomäus und sein Neffe Rafael di Noli.

## Einwände gegen Cà da Mosto's Entdeckungsbericht.

Diese Beschuldigungen, welche in Lopez de Lima's Werk »Ensaios sobre a statistica das possessões Portuguezes« (Lisbon 1844) zum ersten Mal systematisch zusammengefafst erscheinen und von Henry Major in dessen bereits erwähntem Buche (Life of Prince Henry etc.) in verschärfter Weise wiederholt worden sind [1]), können kurz folgendermafsen formuliert werden:

I. Ein Schiff, welches durch einen Sturm 3 Tage lang vom Kap blanko in westnordwestlicher Richtung fortgetrieben wird, kann unmöglich nach Boa vista kommen.

II. Die Insel São Thiago ist von Boa vista viel zu weit entfernt, als dafs sie von letzterer aus gesehen werden konnte.

III. Auf São Thiago gibt es nicht einen einzigen Flufs, der ein Flofs zu tragen vermöchte, geschweige, dafs er »die breyte eines guten bogeschusses« hätte; auch findet man dort weder Salz, noch Turteltauben.

IV. Die Zeitangaben stimmen nicht, sondern stehen in einem unlösbaren Widerspruch zu einander.

### Entgegnung auf diese Einwände.

ad I. Das Kap blanko liegt nahezu $21^0$ n. Br., während die Inseln des grünen Vorgebirges südwestlich davon zwischen $14-17^0$ n. Br. gelagert sind. Es ist sonach selbstverständlich, dafs ein vom Kap blanko aus — in nordwestlicher Richtung segelndes Schiff unmöglich nach den Kapverden gelangen kann.

Aber der Sinn jener Stelle läfst auch eine andere Deutung zu:

». . . hauē do uista d'esto capo se largassemo un poco imar«: also vom weifsen Kap an entfernten sich Cà da Mosto und seine Gefährten etwas von der Küste, aber den südlichen Kurs beibehaltend. Da sie, wie ausdrücklich bemerkt, auch über das Kap Blanko hinaus noch günstigen Wind hatten, so mögen sie mit ihren als beste Segler bekannten portugiesischen

---

[1]) Vgl. Oldham, l. c., pag. 188 f.

Karavellen bereits eine geraume Strecke gegen den Senegal zu zurückgelegt haben, bis »la nocte seguente ne«, also vielleicht erst in der Nacht des folgenden Tages, ein starker Südweststurm (»a fazo un temporal de garbin«) sie von ihrem Kurs ablenkte. Aber um nicht gänzlich umwenden (»per non tornar indriedo«) und sich der Gewalt des Sturmes willenlos preisgeben zu müssen, suchten sie durch möglichstes »Ausbiegen« [1]) nach Westen oder zeitweise wohl auch Nordwesten (»tegnessemo la volta di ponente & maistro«), sowie durch gleichzeitiges Ankämpfen gegen den Wogenandrang mittels geschickter Segelstellung an Breite zu gewinnen und einen möglichst südwestlichen Kurs einzuschlagen — 2 Tage und 3 Nächte lang . . .

Vielleicht vermögen wir durch ein Rechenexempel die Sache einfacher und deutlicher zu erklären:

Da Cà da Mosto auf seiner ersten Reise nach seiner eigenen Angabe die zwischen Kap São Vicente und Porto santo liegenden 600 welsche Meilen in der Zeit von 22. bis 25. März 1455 mittags, also in $3^1/_2$ Tagen zurückgelegt hat, also an einem Tage circa 171 w. Meilen, so dürfte derselbe $1^1/_2$ Tage nach dem Passieren des weifsen Kaps bereits circa 257 w. Meilen von diesem entfernt gewesen und demnach schon ziemlich nahe zum Senegal gelangt sein, als der Sturm losbrach; denn unser Venetianer selbst berechnet die Distanz zwischen Kap blanko und Senegal blofs auf 380 w. Meilen.

Sonach von der Senegalmündung nur mehr circa 120 w. Meilen abstehend, war das kleine Geschwader, wie uns ein Blick auf die Landkarte überzeugt, schon hinlänglich weit gegen Süden gekommen, um mit seinen flotten vertakelten Schiffen und mittels der seiner erfahrenen, seeerprobten Bemannung eigenen Segelkunst, welche durch verschiedene Stellung der Segel sogar gegen den Wind zu fahren ermöglichte, selbst bei einem Südweststurme die Insel Boa vista erreichen zu können.

Es ist übrigens nicht unwahrscheinlich, dafs schon in der ersten italienischen Ausgabe (1507) bezüglich des von Cà da

---

[1]) Temporals Übersetzung sagt ganz deutlich: »pour ne retourner arriere, fumes contraints de tirer à la volte de Ponant, **pour parer** . . .«

Mosto eingeschlagenen Kurses fälschlich WNW gesetzt wurde, während vielleicht das Originalmanuskript WSW hatte. Aufserdem spricht der lateinische Text (Ausgabe des Grynaeus) nicht von einem SW-, sondern von einem S-Sturm, der deutsche blofs von einem starken Wind ohne Angabe der Himmelsrichtung, wodurch die Erklärung freilich sehr vereinfacht würde.

ad II. Wenn ferner H. Major in seinem allegierten Werke behauptet, Cà da Mosto habe von Boa vista aus unmöglich die Insel São Thiago sehen können, da die Entfernung zwischen beiden zu grofs sei, — so brauchen wir nur eine Stelle aus dem bereits angezogenen Buche Doelter's anzuführen, um jenen Einwand schlagend zu widerlegen. Professor Doelter, welcher um die Weihnachtszeit 1880 den höchsten Berg auf São Thiago, den Pico d'Antonio (2250 m), erstieg, beschreibt uns die ihm auf dem Gipfel desselben gebotene Aussicht folgendermafsen (pag. 26): »Der ganze kapverdische Archipel entrollte sich zu meinen Füfsen. Im Norden die fernen dunklen Rücken von S. Nicolao und S. Vicente. Östlich die mehr flachen, öden und unwirtlichen Eilande von Mayo und Boa vista und westlich der herrliche Vulkan Fogo . . . Nur ferne im Norden lag ein weifser Wolkenschleier, bizarre Formen bildend, auf der den Blicken entrückten Insel Sal, der nordöstlichsten des Archipels«.

Wenn also Doelter von São Thiago aus Boa vista sehen konnte, bestand auch für Cà da Mosto die Möglichkeit, São Thiago von Boa vista aus wahrzunehmen. Dafs letzterer die nordwestlichen von beiden ebengenannten Inseln so ziemlich gleichweit entfernten Eilande São Nicolao, São Vicente u. s. w. nur als dunkle Umrisse erblicken konnte, erklärt sich vollkommen aus der viel niedrigeren Lage seines Aussichtsstandpunktes auf Boa vista, das bekanntlich keine beträchtlichen Erhebungen aufzuweisen hat.

ad III. Einen Flufs von der Breite eines Bogenschusses gibt es allerdings auf São Thiago so wenig, als auf den übrigen Kapverden. »Die Hydrographie der kapverdischen Inseln«, sagt Doelter, »ist sehr einfach: Flüsse existieren nicht, nur Wildbäche stürzen die steilen, tiefeingeschnittenen Schluchten herab, dem Meere entgegen. Fast alle diese Bäche trocknen im Sommer gänzlich aus und erst die Regenzeit erweckt sie wieder zu neuem Leben . . . .« Entweder hat Cà da Mosto, dessen Untersuchung der Insel wegen der Kürze der von ihm daselbst zugebrachten Zeit überhaupt nur oberflächlich sein konnte, eine in das Land einspringende Bucht São Thiagos für eine Flufsmündung angesehen, oder er hat auf eine solche Bai die Bezeichnung »Flufs« in demselben Sinne angewandt, als wir von einem Rio d'Ouro oder von einem Rio de la Plata reden. Speziell die Hafenbucht der ehemaligen Hauptstadt S. Thiagos — Cidade da Ribeira grande —, in welche sich ein unbedeutender Flufs ergiefst, wird nach Oldham sowohl von Dapper[1]), als auch in Blaeu's Atlas (Amsterdam 1663) als der untere Lauf jenes Flusses bezeichnet, und da zugleich an beiden Stellen in merkwürdiger Übereinstimmung mit Cà da Mosto ausdrücklich hinzugefügt wird, jener sei an seiner Mündung »large d'environ un trait d'arc«, so dürfte nicht einmal ausgeschlossen sein, dafs unser Reisender an dieser Stelle seinerzeit gelandet sei.

Auch der weitere Einwand H. Majors, weder Salz noch Turteltauben habe Cà da Mosto auf S. Thiago antreffen können, ist nicht stichhaltig.

Wie in den meisten wärmeren Klimaten, wo die Verdunstung des Wassers rasch vor sich geht, hat eben auch das in jenen Breiten ungemein salzhaltige Meerwasser[2]) im Laufe der Jahrtausende an den flacheren Küstenstellen São Thiagos natürliche Salzgärten (Meeressalinen) gebildet, d. h. mehr oder minder dichte Lager jenes grobkörnigen »Salzkieses«, der heute noch von vielen afrikanischen Küstenstämmen auf »künstliche« Weise durch einfaches Filtrieren und Verdampfen des Lagunenwassers

---

[1]) Oldham bezieht sich auf die französische Übersetzung von Dapper's Beschreibung Afrika's, Amsterdam 1686, die dem Verfasser nicht zur Verfügung stand. In der letzterem zugänglichen deutschen Ausgabe v. J. 1670 findet sich obiger Passus nicht vor.

[2]) »Nach v. Bogulawski«, sagt Günther in seinem Lehrbuch der Geophysik, 1885, pag. 364, »ist der Salzgehalt des Meerwassers am gröfsten innerhalb der beiden Passatzonen . . . . und nimmt in der Hauptsache von den höheren Breiten bis in die Mitte der Passatzonen zu«.

gewonnen und in seinem unvollkommenen, ungereinigten Zustande als Gewürz zu ihren Speisen genossen wird. Diese natürlichen Salzkieslager, welche Cà da Mosto bei seiner Landung auf São Thiago und später die Portugiesen nach der definitiven Besitznahme jenes Archipels überhaupt auf den meisten Kapverden in reichlicher Menge vorfanden, gaben ja eben die Veranlassung, dafs man diese Inselgruppe lange Zeit die Salzinseln nannte, woran noch heute der Name »Sal« deutlich erinnert. Nach Oldham (l. c. pag. 189) erwähnt auch Ramusio bei der Wiedergabe von Cà da Mosto's Bericht ausdrücklich, dafs das Salz noch lange nach ihrer Entdeckung einen Hauptausfuhrartikel auf den Kapverden bildete, und Doelter versichert uns in seinem öfters angeführten Werke (pag. 28 und 33), dafs noch heute die Bewohner von Mayo, Boavista und Sal hauptsächlich in dem Betrieb der Salinen, welche für die südamerikanischen Staaten, namentlich für Brasilien, Salz liefern, ihren Lebensunterhalt finden.

Auch die weitere Angabe Cà da Mosto's, dafs er und seine Gefährten bei ihrer Landung auf São Thiago grofse Scharen von Turteltauben wahrgenommen und viele Fische gefangen hätten, von denen unglaubliche Mengen vorhanden gewesen, — wird von manchen späteren Reisenden und Forschern bestätigt. So bemerkt v. Astley[1]) ausdrücklich, dafs in der Regenzeit zahlreiche Schwärme von Turteltauben die Inseln des grünen Vorgebirges bevölkern, und Dambeck[2]) schildert neben anderen ozeanischen Bezirken namentlich das Meer um die Kapverden als höchst fischreich (nach Troschel gebe es daselbst 42 Spezies von Seefischen).

Wir sehen also, nichts von dem, was Cà da Mosto in seinen Berichten als selbsterlebt oder auf Autopsie beruhend angibt, steht mit der realen Wirklichkeit oder wenigstens physischen Möglichkeit in Widerspruch, — im Gegenteil werden seine Angaben, die durch die ihnen eigentümliche Schlichtheit und Naivität, Kürze und Bestimmtheit ohnedies schon den

---

[1]) v. Astley, Great collection of voyages and travels, London 1745. Vol. I, Book IV. Chap. VI.

[2]) Siehe in Petermann's Mitteilungen, 19. Bd. 1873, pag. 244, den Artikel: »Die geogr. Verbreitung der Meerfische von K. Dambeck«.

Stempel der Wahrhaftigkeit an sich tragen, durch die Erfahrungen und Forschungen anderer vielfach bestätigt.

ad IV. Mehr Berechtigung scheint auf den ersten Blick der von H. Major besonders betonte Einwand zu besitzen, der sich auf die in der That einander vielfach widersprechenden Zeitangaben in Cà da Mosto's zweitem Reiseberichte bezieht. Wie kann jemand, sagt ersterer, am St. Philipps- und Jakobstage, der auf den 1. Mai fällt, an den Kapverden landen, wenn er erst anfangs Mai desselben Jahres von Lagos absegelt?

Bevor wir übrigens auf die Würdigung dieses an sich ja ganz logischen Einwandes näher eingehen, ist es nötig, die Verhältnisse ins Auge zu fassen, unter denen Cà da Mosto's Reiseberichte zuerst veröffentlicht wurden, sowie die verschiedenen Ausgaben kurz anzuführen, die von seinem Werke im Laufe des 16. Jahrhunderts erschienen sind und deren Texte (wie schon erwähnt) bezüglich der Zeit seiner Abfahrt von Lagos im Jahre 1456 sehr erheblich von einander abweichen.

Die im venetianischen Dialekte abgefafsten Reiseberichte Cà da Mosto's († 1477) wurden erst 30 Jahre nach seinem Tode gedruckt und machten in fast ganz Europa grofses Aufsehen. Dieselben erschienen nämlich zuerst 1507 in Vicenza an der Spitze einer Sammlung von Reisebeschreibungen, betitelt: »Paesi novamente retrovati et novo mondo da Alberico Vesputio florentino«. Da dieses Buch einen ungemeinen Absatz gefunden, wurde es 1508 zu Mailand neuerdings herausgegeben von Joanne Angelo Sinzenzeler und im selben Jahre zu Vicenza von Jean Marie Anzolello. Diesen drei italienischen Ausgaben folgten ziemlich rasch aufeinander weitere: 1512 und 1519 zu Mailand und 1521 zu Venedig. Auch findet sich das Werk Cà da Mosto's abgedruckt in den »Navigazioni e viaggi raccolti da G. Batt. Ramusio«, Venedig 1550, Bd. I.

Schon 1508 war dasselbe von Archangelo Madrignano ins Lateinische übersetzt worden; auch Simon Grynaeus hat es in lateinischer Übersetzung seinem »Novus orbis« (Bâle 1532) einverleibt.

In diesen sämtlichen Ausgaben ist der Anfang des Monats Mai als der Termin bezeichnet, an welchem Cà da Mosto und Usodimare 1456 von Lagos absegelten.

Auch 2 deutsche Übersetzungen der genannten Reiseberichte aus dem 16. Jahrhundert sind uns erhalten; die eine, bereits früher erwähnt, von Jobst Ruchamer in Nürnberg 1508, die andere nach dem lateinischen Texte hergestellt und von G. Ulricher zu Strafsburg 1534 in der »Newe Welt« herausgegeben.

In der Nürnberger Ausgabe findet sich **Anfang März**, in der Strafsburger **Anfang Mai** als die Zeit angegeben, zu welcher Cà da Mosto 1456 den Hafen Lagos verlassen haben sollte.

Auch ins Französische wurden die Berichte unseres venetianischen Reisenden übersetzt von Mathurin du Redouer, Paris 1516, neuerdings ediert 1521.

Obwohl, wie auf dem Titelblatt zu lesen: »translaté dytalien en langue françoise« (alle italienischen Ausgaben geben bekanntlich »Mai« als Abfahrtsmonat an) — haben gleichwohl diese beiden Ausgaben dafür den Monat **März** substituiert (wie Ruchamers deutsche Übertragung), während eine andere, aus der Feder Temporal's hervorgegangene französische Übersetzung (»plus exacte et d'un style plus correct«, wie Ch. Schefer in der Einleitung zu seiner mehrerwähnten Relation des voyages meint), erschienen zu Lyon 1556, »le commencement du moys de **Juillet**« als den Termin bezeichnet, an welchem die Ausfahrt Cà da Mosto's aus dem Hafen von Lagos stattgefunden haben soll.

Welcher dieser sich so sehr widersprechenden Texte besitzt nun den »rechten, echten Ring« und gibt uns den unverfälschten Wortlaut des Originalmanuskripts wieder? Ist wohl selbst die früheste Ausgabe (1507) ohne Fehler und Irrtümer hergestellt worden, nachdem der Autor bereits 30 Jahre vorher gestorben war?? Resumieren wir:

1. Fuhr Cà da Mosto anfangs Mai von Lagos ab, so konnte er nicht schon am St. Philipp- und Jakobstage zu den Kapverden gelangt sein, da der kirchliche Gedächtnistag dieser Heiligen auf den 1. Mai fällt. Wie Oldham (l. c.) berichtet, hilft sich freilich der Franzose d'Avezac (in seinem Werke: Iles d'Afrique) leichtiglich und ohne Bedenken über diesen Widerspruch hinweg, indem er annimmt, die Insel São Thiago

sei von Cà da Mosto so benannt worden, weil seine Expedition am 1. Mai »ausrüstete«, d. h. von Lagos abreiste. Allein abgesehen davon, dafs diese Art der Benennung neuentdeckter Gebiete dem Gebrauche jener Zeit vollkommen widersprach, stellt unser Reisebericht ja in entschiedener unzweideutiger Weise fest, jene Insel habe ihren Namen davon erhalten, »perche el zorno de san philippo-iacomo uenissimo a asta insula a metere anchora«.

2. Wenn aber Cà da Mosto, wie einige Texte behaupten, schon anfangs März von Lagos abgesegelt wäre, so hätte, da er ja ausgesprochenermafsen ohne Aufenthalt direkt bis Kap blanco gefahren, nach einer sehr einfachen Rechnung [1]) seine Landung auf den Kapverden wenigstens (circa) 15 Tage nach seiner Abfahrt von Lagos stattfinden müssen, also — die letztere in der Zeit zwischen dem 1. und 10. März angenommen — längstens bis zum 25. März, so dafs noch immer eine unausgefüllte Zeitdifferenz von über 5 Wochen übrig bleibt. Es steht daher auch diese Angabe mit den Ausführungen des Venetianers in einem auffallenden Widerspruch.

3. Sonach bleibt nur noch übrig zu prüfen, wie sich die hieher bezügliche Zeitangabe in Temporal's Übersetzung (»le commencement du moys de Juillet«) zu Cà da Mosto's Schilderung seiner Entdeckung der Kapverden verhalte, und da finden wir, dafs dieses Datum in wunderbarer Weise mit allen damit zusammenhängenden Angaben des letzteren übereinstimmt, und zwar um so mehr, als Temporal nicht von dem St. Philipp und Jakobstage, sondern nur von dem St. Jakobstage spricht, an dem São Thiago entdeckt worden sei. Der Gedächtnistag des Apostels Jakobs des Älteren fällt auf den 25. Juli, und ziemlich genau bis zu diesem Tage dürfte unter den von Cà da

---

[1]) Wenn Cà da Mosto, wie er selbst angibt, durchschnittlich per Tag 171 welsche Meilen mit seinem Schiffe zurücklegte, brauchte er von Lagos bis Madeira (600 Meilen) circa 3 $^1/_2$ Tage, — von da bis zu den Kanarien (320 Meilen) 2 Tage, von da bis Kap blanco (770 Meilen) 4 $^1/_2$ Tage, — sodann segelte er in der Richtung gegen den Senegal circa 1 $^1/_2$ Tage, bis der Sturm losbrach, — endlich sind für die Zeitdauer des letzteren bis zur erfolgten Landung auf S. Thiago 3 Tage zu setzen, — Sa. Srum 14$^1/_2$ Tage.

Mosto geschilderten Umständen und Kursverhältnissen ein Segelschiff, das etwa (wollen wir sagen) am Ende der ersten oder am Beginn der zweiten Juliwoche von Lagos abfuhr, gebraucht haben, bis es bei São Thiago landen konnte.

Allein diese glückliche Übereinstimmung der Zeitangabe Temporals mit den Einzelnheiten des Cà da Mosto'schen Berichtes würde selbstverständlich noch keineswegs genügen, dem gedachten französischen Texte den Vorzug vor allen anderen zu geben, wenn derselbe nicht durch untrügliche Zeugen, nämlich die unveränderlichen natürlichen Verhältnisse der Kapverden, nach jeder Richtung hin eine auffallende Bestätigung fände.

Diese Inselgruppe liegt bekanntlich zwischen 15—17° n. Br. und gehört sohin in das Territorium des afrikanischen Monsuns, in welchem den gröfsten Teil des Jahres Nordostwind (als Fortsetzung des Nordostpassats der Sahara) herrscht, während ungefähr von Mitte Juni an, wenn die Sonne in jenen Breiten den höchsten Stand erreicht, die Winde sich wenden und von da bis Oktober fast ausschliefslich feuchte, oft sich zu Orkanen steigernde Süd- und Südwestwinde wehen, durch welche die sogenannte Zenithalregenzeit (der Charif der Araber) herbeigeführt wird. So verdorrt und versengt die Kapverden während der trockenen Jahreszeit erscheinen, so wasserreich sind sie in der Regenperiode. Nun erzählt uns gerade Cà da Mosto, dafs er mit seinem Geschwader durch einen Südweststurm von seinem ursprünglichen Kurse nach jener Inselgruppe verschlagen worden sei, sowie dafs er auf São Thiago reichlich Wasser vorfand, mit dem er die Schiffe versorgte, (während doch nach Doelters genauer Schilderung auf dieser Inselgruppe sonst alle Bäche vertrocknet sind,) — auch Turteltauben sah er in Menge, die ebenfalls nur während der Regenzeit nach jenen Inseln kommen, um dort ihre Eier abzulegen und auszubrüten, — kurz, alle diese seine Andeutungen weisen mit Entschiedenheit darauf hin, dafs Cà da Mosto in der Zeit zwischen Juni und Oktober, und nicht schon im März oder Mai dort Anker geworfen habe.

Mit gröfster Wahrscheinlichkeit ist deshalb der 25. Juli

1456 als der Tag anzusehen, an welchem Cà da Mosto die Kapverden entdeckt hat. Diese Annahme wird — wenigstens indirekt — noch weiters unterstützt durch eine alte offizielle Urkunde, die älteste, welche sich mit den Kapverden überhaupt beschäftigt. In einem, 3 Wochen nach des Infanten Tode publizierten Dekrete vom 3. Dezember 1460 [1]) werden die Namen aller Inseln aufgezählt, welche bei Lebzeiten desselben von seinen Kapitänen nach und nach entdeckt worden waren, anfangend mit Porto santo, Madeira etc. und endigend mit den 5 Kapverden: S. Jakobe (das jetzige São Thiago), S. Filippe (Fogo), de las Mayaes (Maio), Ilha Lana (jedenfalls das heutige Sal) und S. Christovao. Da mit letzterer Insel ohne allen Zweifel Boa vista gemeint ist, das Gedächtnis des hl. Christoph in der abendländischen Kirche [2]) aber ebenfalls, wie das des Apostels Jakob des Älteren am 25. Juli gefeiert wird, so ist man um so mehr zu dem Schlusse berechtigt, der 25. Juli sei der richtige Tag der Entdeckung Boa vistas, wie S. Thiagos. — Dafs die Portugiesen der Insel Boa vista später einen anderen Namen gaben, als ihr der Entdecker beigelegt, ist nichts Auffallendes; wahrscheinlich, meint Oldham, wird diese Bezeichnung den portugiesischen Autoritäten nicht gefallen haben, und da man ja damals mit grofser Vorliebe die Namen von Heiligen oder kirchlichen Festtagen zur Benennung neuentdeckter Gebiete anwandte, so ist nur natürlich, dafs man, weil der Kalender am 25. Juli die Namen zweier Heiligen aufweist, gleichwie S. Thiago, so auch das am nämlichen Tage aufgefundene Boa vista nachträglich nach dem einen derselben benannte (Christovao). Haben ja doch die Könige Portugals früher und späterhin manche vom Entdecker herrührende geographische Bezeichnungen aus irgend welchen Gründen willkürlich verändert; es sei nur an die Umtaufung São Lourenços in Madeira, des Cabo tormentoso in ein Cabo da boa esperanza, sowie der Insel Formosa in

---

[1]) Veröffentlicht in dem »Indice Chronologico das Navigacões dos Portuguezas«, Lissabon 1841 (siehe Oldham, l. c. pag. 192).

[2]) In einzelnen Diözesen Deutschlands begeht die katholische Kirche den Gedenktag des hl. Christoph auch am 24., 27. und 31. Juli.

Fernão do Po erinnert! — Dafs sich aber dennoch trotz obiger Namensumformung bis heute die vom Entdecker gewählte Bezeichnung »Boa vista« erhalten hat, ist vorzugsweise dem Einflusse der italienischen Kartenwerke des 15. und 16. Jahrhunderts zu danken, welche, unter ihnen zum ersten Male die erwähnte, sehr wahrscheinlich von Cà da Mosto selbst inspirierte Seekarte Benincasa's v. J. 1468, den ursprünglichen Namen weiter überlieferten und so nach und nach zum allein geltenden machten.

Demnach dürften eine Menge hochbedeutsamer Umstände die volle Berechtigung Cà da Mosto's erweisen, sich den ersten Entdecker der Kapverden zu nennen, — ein Ruhm, der ihm namentlich deshalb streitig gemacht wird, weil lange nach seinem Tode die Drucker seines inzwischen zu Verlust gegangenen Manuskriptes, beziehungsweise die Übersetzer einiger Ausgaben, durch einzelne Irrtümer jene heillosen Verwirrungen und inneren Widersprüche hervorgerufen haben, die — obwohl nicht dem Autor selbst zur Last fallend — Männer wie Major, Ruge u. a. für genügend hielten, denselben zum Lügner zu stempeln, der sich nur »fremden Ruhm angeeignet« habe. Als ob Cà da Mosto, der ohnedies schon durch die Entdeckung, beziehungsweise nähere Erforschung ansehnlicher afrikanischer Gebiete sich einen Namen gemacht und der deshalb beim Infanten Heinrich in hohen Ehren gestanden, so dafs er während der Lebenszeit des letzteren in seinem Adoptivvaterlande getreulich ausharrte, — als ob er es nötig gehabt hätte, durch Anmafsung einer zudem ziemlich passiven Entdeckerrolle sich mit fremden Federn zu schmücken und dadurch eventuell sein sonst so ehrenvolles Andenken zu gefährden und zu schänden!

Aber selbst angenommen, er wäre (wofür wir nirgends einen Anhaltspunkt finden,) wirklich einer solch niedrigen Gesinnung fähig gewesen, — kann man da nur mit einiger Wahrscheinlichkeit glauben, Cà da Mosto, der kluge, scharfe Beobachter, der überlegende, geistig für seine Zeit hochstehende Forscher, der (wie ihn Ruge, l. c. pag. 92, selbst heifst), »intelligente venetianische Edelmann«, hätte uns ein Entdeckermärchen mit so leicht erkennbaren chronologischen Widersprüchen unterbreitet, mit einem Worte, so wenig geistvoll, so knabenhaft zu betrügen versucht? Oder sollte er sich selbst getäuscht und eine andere von ihm gesehene Inselgruppe mit den Kapverden verwechselt haben? Das ist nicht denkbar, da ja zwischen Kap Bojador und dem grünen Vorgebirge im offenen Meere kein anderer Archipel existiert und eine Verwechslung der Kapverden mit den bei letzterem Kap oder in der Arguinbai vorhandenen kleinen Küsteneilanden unmöglich ist, abgesehen davon, dafs die Schilderung der Lage und Gruppierung der bezüglichen Inseln seitens unseres Entdeckungsreisenden nur auf die Kapverden zutrifft.

## Antonio di Noli.

Einzelne portugiesische und italienische Geschichtsschreiber bezeichnen allerdings direkt den bereits genannten Genuesen Antonio di Noli als den Entdecker jenes Archipels. So sagt Barros: »In denselben Zeiten« (er setzt die Entdeckung der Kapverden in das Jahr 1461,) »finden wir noch, dafs die Inseln, die wir nun nach dem Kap Verde nennen, von einem gewissen Antonio di Noli, einem Genuesen von Abstammung und von edlem Blute, entdeckt worden sind; dieser, welcher in seinem Vaterlande Unannehmlichkeiten gehabt, hatte sich in jenes Königreich (Portugal) mit 2 Schiffen und einem Barinel in Begleitung seines Bruders und seines Neffen begeben, welchen der Infant die Erlaubnis gab, auf Entdeckungen auszugehen. 16 Tage nach ihrer Abfahrt von Lissabon landeten sie auf der Insel di Maggio (Mayo), welcher sie einen derartigen Namen beilegten, weil sie daselbst in diesem Monat anlangten. Am folgenden Tag (?)[1], welcher das Fest des hl. Jakob und Philipp war, entdeckten sie zwei Inseln, welche heute noch genau die vorerwähnten Namen tragen«[2].

Ja, dafs Noli mehrere Jahre **nach** Cà da Mosto's zweiter Reise — (H. Major sagt 1460, also noch bei Lebzeiten des Infanten Heinrich, was wir weiter unten auch urkundlich belegen

---

[1] Das Fest der Heiligen Philipp und Jakob fällt übrigens auf den 1. Mai.
[2] Siehe Hugues, Storia della geografia etc.

werden —), in der That die Kapverden in Begleitung des Portugiesen Diogo Gomez besuchte, im Namen der portugiesischen Krone besetzte und so gleichsam zum Wiederentdecker dieser Inselgruppe wurde, das wird von uns nicht im geringsten bestritten und schliefst auch keineswegs aus, die Priorität der Entdeckung Cà da Mosto zuzuerkennen. Haben wir ja doch schon weiter oben des Zeugnisses des portugiesischen Geschichtsschreibers Galvão Erwähnung gethan, wonach Noli »von der Existenz der Kapverden Dank den früheren Entdeckungen Cà da Mosto's bereits Kenntnis gehabt« habe. Antonio di Noli ist auch zweifellos als der Entdecker der westlichen Gruppe jener Inseln anzusehen, wie auch die Namen derselben (gleichwie die Mayo's und S. Filippo's) sicherlich von ihm herrühren[1]). Die Entdeckung der östlichen Kapverden, sowie die Benennung Boa Vistas und São Thiagos mufs aus den angeführten Gründen für Cà da Mosto in Anspruch genommen werden.

Von mehreren Seiten wird auch deshalb Antonio di Noli als der wirkliche Entdecker der Kapverden betrachtet, weil auf vielen Seekarten jener Zeit der erwähnte Archipel unter dem Namen »Isole di Antonio« verzeichnet ist. So auf der berühmten Karte des Piloten Juan de la Cosa v. J. 1500; auf einem alten, namenlosen Portulan, der in der Pariser Nationalbibliothek aufbewahrt ist, ist sogar mit bezug auf dieselben, wie Hugues (l. c.) anführt, ausdrücklich zu lesen: ». . . que (scil. insule) invente sunt a quodam januense, cujus nomen erat Anthonius de Noli, a quo insule ipse denominate sunt et nomen adhuc retinent inventoris«.

Aber auch diese Stelle ist nicht im stande, den Vorrang des Venetianers vor Noli zu alterieren. Wir brauchen keineswegs so weit zu gehen, dafs wir, wie Hugues, die Frage aufwerfen, ob denn die Benennung »Antonio-Inseln« nicht so fast auf Antonio Noli, als vielmehr auf seinen Landsmann Antonio Usodimare, den Begleiter Cà da Mosto's, sich beziehe, — es genügt darauf hinzuweisen, dafs, — gleichwie in Portugal Zarco

---

[1]) Vergleiche Peschel, Geschichte des Zeitalters der Entdeckungen, pag. 83, Anm. 3.

und Vaz Teyxeyra als die eigentlichen Entdecker der Madeiragruppe gepriesen worden sind, obwohl letztere bereits 100 Jahre vorher von Italienern aufgefunden worden waren, — eben auch Noli als der Wiederentdecker der Kapverden, deren erster Gouverneur und Kolonisator, ziemlich allgemein, aber unverdient der Ehren teilhaftig wurde, die unserem Venetianer gebührt hätten. Auch der gelehrte Pietro Amat di S. Filippo sucht in seiner »Biografia dei viaggiatori italiani« [1]) das Verdienst, die Kapverden zuerst entdeckt zu haben, dem Genuesen Noli zuzuwenden, wogegen Hugues aus den obenangeführten Gründen für die Priorität Cà da Mosto's eintritt: »...mi pare che, malgrado gli argomenti addotti a sostegno del navigatore genovese da Pietro Amat di S. Filippo, non si possano ancora accettare senza alcun riserbo, le conclusioni cui giunge il dotto critico ....«

Gegenüber solchen abweichenden Meinungen der Geschichtsschreiber ist es von gröfster Wichtigkeit, einen gänzlich unparteiischen Zeugen zu haben, der, ohne sich in jenen Widerstreit zu mischen, in rein objektiver und zuverlässiger Weise die Siegespalme unserem Cà da Mosto zuteilt. Wir meinen den berühmten »Mappamondo di Fra Mauro Camaldolese dell'anno 1457«. Dieser ausgezeichnete Kartograph, welcher 1459, also wenigstens 1 Jahr vor der Schiffahrt des Antonio di Noli, starb, hatte bereits in seinem genannten Werke v. J. 1457 die östlichen Kapverden eingetragen, freilich mit unsicherer, blofs angedeuteter und namenloser Zeichnung — ein unverkennbarer Beweis dafür, dafs die Kunde von der Entdeckung jener Inselgruppe eben damals (1457) oder vielleicht kurz vorher erst und zwar in noch ziemlich unbestimmter Weise sich verbreitet hatte, was mit der Zeit der zweiten Reise Cà da Mosto's aufs genaueste übereinstimmt. »Verso capo Verde«, sagt der Kardinal Zurla in seiner gelehrten Arbeit über obiges Kartenwerk Fra Mauro's,

---

[1]) Seite 147 sagt er (nach Hugues) kurzangebunden: »Le tre navi girarono il Capo (scil. biancho) e, a detta del Cadamosto, toccarono una delle isole del Capo Verde. Su di che feci le mie riserve .... spettando indubbiamente (?) la scoperta di quelle isole ad Antonio Noli«. (Boll. della Soc. geogr. ital. 1880, p. 134 e seg.).

»giace un' isola, che, sebbene anonima, pure per quella di S. Jago, ossia la maggiore di quelle di capo Verde, si riconosce; molto più che presso la stessa alte minori si veggono e come più di fresco marcate, non preparato sito di annotazione, non però eseguita, locchè combina coll' epoca dello scoprimento di tali isole, e prossime spiaggie, negli ultimi momenti della vita di Fra Mauro, che appena potè disegnarle« [1]).

Allerdings darf hier nicht aufser acht gelassen werden, dafs bereits auf der für die Veranschaulichung der portugiesischen Entdeckungen in der ersten Hälfte des 15. Jahrh. höchst wichtigen Carta nautica des Andrea Bianco v. J. 1448 [2]) (also 8 Jahre vor Cà da Mosto's zweiter Fahrt gefertigt), südwestlich vom grünen Vorgebirge ein Stück einer grofsen, von West nach Ost langgestreckten Insel sich eingezeichnet findet mit der Aufschrift: »ixola otinticha X... (larga?)... e longa a ponente 1500 mia«. Wenn aber Th. Fischer jenes Eiland als eine sicher nachgewiesene Insel deutet und annimmt, dafs unter derselben die Kapverdische Gruppe zu verstehen sei, die »vielleicht einem ersten flüchtigen Entdecker von einem bestimmten Punkte aus als eine einzige schmale, langgestreckte Insel erscheinen konnte«, so dürfte diese jedes ernstlichen Beweises entbehrende Konjektur des genannten Gelehrten denn doch allzu gewagt sein. Wie uns scheint, müssen vielmehr in jener Insel sowohl, wie in den beiden weiteren, auf der Seekarte Bianco's westlich vom grünen Vorgebirge unter dem Namen »dos ermanos« (»die zwei Brüder«) verzeichneten halbmondförmigen Eilanden, ähnliche Fabelinseln vermutet werden, wie wir sie in den »Irrfahrten des hl. Brandan« (»Insel der Vögel, der Schafe«), in Edrisi's »Description de l'Afrique« (»Insel der beiden magischen Brüder«), auf der katalanischen Erdkarte v. J. 1375 (»San Brandan« westlich von »Irlanda«), oder auf dem Behaim'schen Erdapfel (»Insel Antiglia«) u. dgl. vorfinden, »über deren eigent-

---

[1]) Zurla, Il mappamondo di Fra Mauro Camoldolese, pag. 63. Vgl. Hugues, Storia della geografia etc.

[2]) Zu Mailand in der Ambrosiana aufbewahrt und erst 1886 von Theobald Fischer in seiner Sammlung mittelalterlicher Welt- und Seekarten italienischen Ursprungs vervielfältigt (Mappe XI).

liche Bedeutung«, wie Günther in seinem »Martin Behaim« bemerkt, »schon zu viele, unseres Dafürhaltens ziemlich unfruchtbare Diskussionen gepflogen worden sind« [1]). Möglich zwar, dafs eine dunkle Ahnung von der Existenz eines Insellandes westlich vom grünen Vorgebirge schon vor Cà da Mosto's Reisen in den Köpfen der portugiesischen und italienischen Seefahrer spukte, obwohl dies keineswegs wahrscheinlich ist und auch nirgends sonst bestätigt wird; — indes Fra Mauro's erwähnte greifbarere Angaben im Zusammenhalt mit dem zitierten Ausspruch Galvãos sprechen im Gegenteil laut dafür, dafs erst seit Cà da Mosto's Fahrten die Welt von jenem Archipel die erste Kenntnis erhalten hat. — — —

### Diogo Gomez.

Neben Antonio di Noli wird unserem Venetianer, freilich nur von einzelnen Seiten, als der wirkliche Entdecker der Kapverden der Portugiese Diogo Gomez gegenübergestellt. Dieser ebenfalls im Dienste des Infanten stehende Seefahrer wird zwar von den älteren Geschichtsschreibern, welche die Entdeckungsfahrten des 15. Jahrhunderts behandeln, nicht erwähnt; blofs in einer von Valentino Fernandez wahrscheinlich zwischen den Jahren 1495 und 1507 [2]) herausgegebenen Manuskriptensammlung, die noch heute in der Kgl. Hof- und Staatsbibliothek in München aufbewahrt ist, findet sich ein Bericht über zwei von Diogo Gomez an der afrikanischen Westküste unternommene Fahrten, auf deren letzterer derselbe die Kapverdischen Inseln entdeckt haben will. Auf grund dieses Berichtes betrachtet H. Major in seinem schon öfters genannten Werke in der That den Diogo Gomez als den eigentlichen Entdecker jenes Archipels [3]); aber, sagt Hugues (Storia della geogr. etc. pag. 204), »è validamente combattuto, nella sua tesi, dal Francese Codine e da Pietro Amat di S. Filippo con ragionamenti tanto calzanti da

---

[1]) Günther Siegmund, — Martin Behaim, — Bamberg, Buchnersche Verlagsbuchhandlnng, 1890, pag. 42.
[2]) Hugues, Storia della geografia etc.
[3]) Auch Ruge (Gesch. des Zeitalters der Entd. pag. 96) entscheidet sich gleich Major für Diogo Gomez.

togliere ogni dubbio sul fatto principale, che cioè, se realmente Diogo Gomes fece quei due viaggi, del que non sarebbe lecito dubitare, il secondo ebbe luogo nell' anno 1462, cioè sei anni dopo la navigazione del Cadamosto, e due anni dopo la morte di D. Enrico e la navigazione di Antonio Noli«.

Diese »ragionamenti calzanti«, mit denen Major von den genannten Gelehrten bekämpft wird [1]), wurzeln also hauptsächlich darin, dafs die zweite Fahrt des Diogo Gomez erst, wie auch Major zugibt, im Jahre 1462 stattgefunden habe, also zwei Jahre nach dem Tode des Infanten Heinrich, während doch — abgesehen von den angeführten, der gleichen Ansicht zustimmenden Zeugnissen Galvãos und Fra Mauro's — nach einer gleich näher zu erörternden portugiesischen Staatsurkunde die Kapverden bereits zu Lebzeiten des Infanten, also wenigstens im Jahre 1460 entdeckt gewesen sein mufsten.

Unter den im Jahre 1892 gelegentlich der vierten Centenarfeier der Entdeckung Amerikas aus dem Nationalarchiv zu Lissabon veröffentlichten Urkunden sagt nämlich diejenige vom 19. September 1462 [2]) ausdrücklich, dafs König Alfonso V. seinem Bruder Ferdinand die (östlichen fünf) Kapverden São Thiago, San Felippe, Ilha das Mayas, San Christovam (Boa Vista) und Ilha do Sal, welche »bei Lebzeiten des Prinzen Heinrich entdeckt worden sind«, zum Geschenk gemacht hat. Wie sollte man also angesichts dieser urkundlichen Feststellung ein Recht haben, die Priorität der Entdeckung jenes Archipels dem Diogo Gomez zuzuerkennen, wenn seine hier in Rede stehende Fahrt erst 1462 stattfand? Nun ist aber in der ebenerwähnten Schenkungsurkunde — im Gegensatze zu unseren bisherigen Ausführungen — weiters direkt ausgesprochen, dass Antonio di Noli jene Inseln entdeckt habe, gleichwie in einer ebenfalls 1892 zum ersten Male veröffentlichten späteren Urkunde dd.

---

[1]) Vergleiche Codine, in Bull. de la Soc. de géogr. de Paris 1873, vol. I pag. 93 u. ff. und Amat di S. Filippo, in Boll. della Soc. geogr. italiana, 1880, pag. 140 u. ff.

[2]) Siehe Geographisches Jahrbuch v. Hermann Wagner, 1895, pag. 18. (Artikel v. Ruge.)

8. April 1497 ¹) vom König Manuel von Portugal ausdrücklich »Mice Antonio genovez« (d. i. also wieder Antonio di Noli) als der Entdecker der östlichen Kapverden genannt wird. Gegenüber dieser klaren und bestimmten Sprache der beiden erwähnten authentischen Schriftstücke, die unsere obige Beweisführung auf den ersten Blick gänzlich über den Haufen zu werfen geeignet erscheinen, mag es mehr als gewagt erscheinen, auch fernerhin noch Cà da Mosto's Ansprüche geschilderter Art zu unterstützen und aufrecht zu erhalten. Allein wenn man bedenkt, dafs anfänglich weder Prinz Heinrich, noch Cà da Mosto selbst der von diesem gemachten Entdeckung einer öden, felsigen, sterilen Inselgruppe einen besonderen Wert beilegten, dafs man also von der Sache, weil eben damals dringlichere Projekte, insbesondere die rasche Fortsetzung der südgambischen Entdeckungen etc. auf der Tagesordnung standen, so viel wie gar kein Aufhebens machte und demnach das Volk im grofsen und ganzen ohne Kenntnis von der Existenz jener Inseln geblieben, — mufste da nicht, als vier Jahre später Antonio di Noli letztere wieder auffand und seine »Entdeckung« in pompöser Weise in Potugal verkündete; als sich herausstellte, dafs er statt der wenigen von dem Venetianer flüchtig gestreiften, kaum näher angesehenen Inseln einen stattlichen Archipel entdeckt und mit ziemlicher Wichtigkeit namens der portugiesischen Krone feierlich davon Besitz ergriffen hatte; — als er sodann abermals mit einer unternehmungslustigen Schar von Portugiesen ausfuhr, um das »neuentdeckte« Land zu kolonisieren und nutzbar zu machen, und den stolzen Titel eines Gouverneurs über jene Inseln empfing; — mufste da nicht seine Bedeutung und sein Name nach und nach die des bescheideneren Cà da Mosto verdunkeln, und kann es uns da wunder nehmen, wenn di Noli's wirklichen Verdiensten bald auch der dem Venetianer gebührende Ehrenanteil, namentlich in bezug auf den Vorrang der Entdeckung, hinzugerechnet wurde? —

Dafs dieses in der That der Fall gewesen, und dafs Cà da Mosto die ihm widerfahrene Zurücksetzung auch bitter

---

¹) Geogr. Jahrbuch 1895, l. c., pag. 18.

Palme (Las Palmas)[1]), nach dessen Umsegelung sie wiederum an die Mündung des Gambia gelangten, den sie 60 welsche Meilen weit hinauffuhren. Von den Eingeborenen vernahm Cà da Mosto, dafs der Fürst ihres Landes Farosanguli hiefse, unter der Oberhoheit des Kaisers von Melli stünde (»Farosangoli era sotto posto alimperator de melli . . .«) und 9 bis 10 Tagreisen gegen Südwesten wohnte. Auch noch andere (kleinere) Fürsten gäbe es in der Umgegend zu beiden Seiten des Flusses, von denen der am nächsten wohnende Battimaussa (Battimansa)[2]) genannt werde. Da unser Venetianer in diesem Lande grofse Mengen Goldes aufzufinden hoffte, begab er sich mit vielen der Seinigen nach dem Dorfe des erwähnten Negerhäuptlings, welcher dieselben sehr freundlich aufnahm, worauf sie eine erkleckliche Anzahl ihrer mitgeführten Waren an ihn vertauschten gegen Sklaven und auch »ein summa goldes/ aber nit zu achten«. Trotzdem schienen Cà da Mosto und seine Begleiter mit dem gemachten Geschäfte zufrieden zu sein, so dafs sie 15 Tage in jenem Lande blieben, bis eine unter der Mannschaft ausgebrochene Fieberkrankheit zum Abzuge nötigte. Auch über diesen Aufenthalt im Lande Battimansas hat uns unser Reisender ziemlich eingehende Schilderungen ethnographischen, klimatischen und naturkundlichen Inhalts hinterlassen, die um so mehr Aufsehen und Staunen erregten, als ja damals die Landschaften und Völker um den Gambia herum so gut wie vollkommen unbekannt waren[3]).

In wenigen Tagen kamen Cà da Mosto und seine Genossen aus dem Strome heraus wieder an die Küste, die sie wegen der

---

[1]) Nicht zu verwechseln mit Kap Palmas an der Guineaküste. Schefer (l. c. pag. 155 Anm.) zitiert aus Sanudo's Werk über Afrika folgende Stelle in franz. Übertragung: »Les deux Palmes (Las Palmas) reçurent ce nom de Denis Fernandez à cause de deux palmiers qu'il aperçut sur la côte. Le port qui porte ce nom est commode; il est situé à soixante milles du fleuve Senega«.

[2]) »Massa, Maussa oder Mansa« bedeutet in der Sprache der mandingischen Bambarras so viel als »Fürst oder König«.

[3]) Im Jahre 1446 waren zwar Nuño Tristão und Alvaro Fernandez schon bis zum Rio Nuñez ($10^{1}/_{2}^{0}$ n. Br.), beziehungsweise bis nahe an das Kap Sierra Leone gelangt, ohne jedoch für die Erforschung jener Küstenstriche Merkliches zu leisten. (Nuño Tristão ging bekanntlich auf jener Fahrt zu grunde).

dortigen Untiefen und Bänke nur mit äufserster Vorsicht und nur bei Tage zu passieren wagten, bis sie an der wohl 1½ w. Meilen breiten Mündung eines Flusses landeten. Auf Erkundigungen, die sie von den Eingeborenen einholten, erfuhren sie, dafs jener Flufs Casamansa heifse, d. i. »das dieser stram wer eines Fursten genant Casamansa ein More«, welcher 30 Meilen aufwärts seine Residenz habe. — Bald darauf erblickten sie einen über die Küstenlandschaft emporragenden Punkt, der von ihnen wegen seines rötlichen Aussehens[1]) »der rote Ort« (Cabo rosso, Kap Roxo) getauft ward. Noch an zwei weiteren Flüssen segelten sie vorbei, die sie »St. Anna- und St. Dominikusflufs[2]) benannten, worauf sie an die Mündung eines auffallend grofsen Flusses — des Rio grande — kamen, welcher mehrere Inseln — (offenbar sind die Bissagos gemeint), — vorgelagert waren. (Siehe Karte Beninkasa's v. J. 1468.) — Cà da Mosto blieb zwei Tage an der Mündung des Stromes vor Anker, in der Hoffnung, von den Eingeborenen, die sich den Weifsen bald ohne Scheu näherten, wichtige Nachrichten über jene unbekannten Gebiete zu erhalten; aber zu seinem Leidwesen konnten sich mit diesen seine Dolmetscher trotz vielfacher Versuche nicht verständigen (»vnd redten furan nichtzit mit einander«). Da er annehmen mufste, dafs die mitgebrachten Dolmetscher auch die Sprache der nächstwohnenden Völkerstämme nicht würden verstehen können, unterliefs er es, den Rio grande weiter hinaufzufahren. »Also wurden wir aynige widerumb zu rucke zu faren«. Nachdem Cà da Mosto und seine Genossen von den erwähnten, bei 30 welsche Meilen von

---

[1]) »Le Cap rouge . . . doit son nom aux roches rouges dont il est formé«. Schefer, l. c., pag. 176 Anm.

[2]) Auch heute noch so genannt; der San Domingoflufs heifst auch nach dem Dorfe Cacheo — Rio de Cacheo. — »Vom Gambra bis an den flus Domingo«, sagt Dapper (l. c., pag. 341), »werden 17 meilen gerechnet; und zwischen beyden wohnen die Völcker Arriareer und Falupper«; letztere offenbar identisch mit den heute noch auf beiden Ufern des Casamansa und südlich bis zum Domingo wohnenden Flups. — »Das gantze Land am Rio grande bewohnen die Schwartzen, welche man Beafaren nennt«. Dapper, l. c. (Die heute noch dort sefshaften Biafadas).

der Küste entfernten Bissagoas 2 grofse (Bissao und Bissis oder Jatte?) und 2 kleinere (wahrscheinlich Bulama und Formosa?!) angelaufen hatten, aber gleichfalls von den Negern nicht verstanden worden waren, (»daselbst vernumen wir auch nicht die sprach/ wan sie vernamen vns nicht/ so vernamen wir sie nicht«), fuhren sie wieder auf dem ihnen wohlbekannten Wege heim nach Portugal. (»Also das vns got d' Herr aufs seyner barmhertzigkeyt zu letzte bracht an gutes seliges gestate«).

# Anhang.

## Cà da Mosto als »Astronom« und »Physiker«.

In seinen Reiseberichten gibt uns Cà da Mosto auch einige Wahrnehmungen zum besten, die er während seines zweimaligen Aufenthaltes am Gambia (1455 und 1456) über den südlichen Sternenhimmel gemacht hatte. Allerdings sind dies, wie Hugues in seiner »Storia della geografia« sarkastisch bemerkt, »indicazioni sul cielo australe, le quali però non mi paiono tali da farle ritinere come uno degli iniziatori dei progressi dell' astronomia nautica in quelle regioni meridionali«. Des festen Glaubens nämlich, dafs auch der antarktische Pol (wie der Nordpol) seinen »Wagen« hätte, beschäftigte er sich, je weiter er vom Senegal in der Richtung gegen den Äquator vordrang, angelegentlich mit dem Aufsuchen und der Lage des oder vielmehr eines »Südpolarsterns«. Er bemerkte zwar, ganz nahe am südlichen Horizonte, eine dem »kleinen Bären« des Nordhimmels ähnliche Konstellation von 6 Sternen, aber den 7ten, den Hauptstern »Tramontana«, der sich nach seiner Ansicht in unmittelbarer Nähe des südlichen Himmelspols befinden mufste, sah er nicht. Er sagte sich: »Da ich noch den Nordpolarstern erblicke (er mochte damals etwa 13$^0$ n. Br. sich aufhalten), so kann ich nicht den südlichen selbst wahrnehmen; aber das Sternbild, das ich gegen Süden sehe, ist der »Carro dell' Ostro« (»el caro d'lostro« [Vesputio], »le chariot d'Austre« [Temporal]). Deshalb haben auch Madrignano, Grynaeus und Temporal an der entsprechenden Stelle der von ihnen herausgegebenen Berichte Cà da Mosto's eine — abgesehen vom Polarsterne — dem »kleinen Bären« ganz gleiche Abbildung hinzugefügt, während Ramusio statt dessen ebenso willkürlich

»das südliche Kreuz« abbildet. Dafs übrigens unser Venetianer auf das Südkreuz keine Anspielung machte, ist schon dadurch bewiesen, dafs er von 6 Sternen spricht und nicht von 5. — Wahrscheinlich hat Cà da Mosto aus einigen grofsen Sternen des »Schiffes Argo« sich seinen Wagen des Südens« konstruiert [1]), — ein astronomischer Irrtum, der die noch bis in die erste Hälfte des 16. Jahrhunderts allgemein geltende Anschauung hervorrief, dafs wie auf dem nördlichen Himmel, so auch auf dem entgegengesetzten Teile des Firmamentes ein Wagen (Bär) und ein Polarstern existiere. Erst seitdem Amerigo Vespucci auf seiner zweiten Reise (1499—1500) und gleichzeitig Vicente Yañez Pinzon auf der südlichen Hemisphäre bis zum Kap Augustin vorgedrungen waren und vergebens nach einem (dem unbewaffneten Auge sichtbaren) Polarstern gesucht hatten, den sie zur Bestimmung der Polhöhe (geogr. Breite) hätten verwenden können, wurde einige Jahrzehnte später, wie sich Humboldt ausdrückt, »die Sternödigkeit des Südpols« endgiltig festgestellt [2]).

Aber nicht blofs in bezug auf die astronomischen, sondern auch hinsichtlich der physikalischen Verhältnisse der Tropengegenden sah sich Cà da Mosto manchen neuen Erscheinungen gegenübergestellt, die der im Bannkreise der naturwissenschaftlichen Bildung seines Jahrhunderts befangene Venetianer freilich vergebens zu begreifen und aufzuklären versuchte. Wie hätte es aber auch anders sein können! Waren doch damals kaum 10 Jahre verflossen, seit Diniz Dias durch seine todesmutige Fahrt über den Senegal hinaus die tiefgewurzelte Irrlehre von der Unbewohnbarkeit der tropischen Gebiete zerstört und dem staunenden Europa eine ganz neue Welt eröffnet hatte voll sinnverwirrender Wunder und Rätsel!

---

[1]) Das »Schiff Argo« und seine Nachbarschaft mufste Cà da Mosto jedenfalls besonders durch den herrlichen Glanz der Gestirne auffallen, da gerade zwischen jenem Sternbilde und dem »Schützen« die hellleuchtendsten Sterne des Südhimmels angehäuft sind. »Keine andere Gegend der ganzen Himmelsdecke gewährt mehr Mannigfaltigkeit und Pracht durch Fülle und Art der Gruppierung«. Humboldt, Kosmos, III. Bd. (Spezielle Ergebnisse in dem Gebiete kosmischer Erscheinungen) pag. 129.

[2]) Humboldt, l. c., pag. 255. Anm. 20.

Was der scharfen Beobachtungsgabe unseres Reisenden vor allem auffiel, war die ungewöhnlich kurze Dauer der Dämmerung, speziell der Morgendämmerung in jenen Gegenden. Lassen wir ihn selbst reden: »In disem lande des morgens so der tag auffgathe/ so hot es kein morgen röth vor dem auffgange der Sunne/ als es thut jn vnsern landen/ sunder so an dysen orthen die zeyt der morgen röthe ist vmb den auffgang der Sunne/ so zerteylet sich die finsternufs der nacht vnd zu handt so syhet man die Sunne/ vnd ee dann in eyner halben stunde so gybt sie lychten schein....«.

Da ist nun zunächst zu bemerken, dafs Cà da Mosto offenbar »Morgenröte« verwechselte mit »Morgendämmerung«, die allerdings bei einem bestimmten Feuchtigkeits- oder — (nach neueren Forschungen Aitken's, Robert Helmholtz' u. a.) — Staubgehalte der Luft häufig mit ersterer verbunden ist und gerade dadurch zu einem so herrlichen Naturschauspiele gemacht wird.

Sodann war unserem, alle physikalischen Erscheinungen nach den Verhältnissen seiner Vaterstadt beurteilenden Venetianer jedenfalls noch unbekannt, dafs die Dauer der (Morgen- und Abend-) Dämmerung je nach der geographischen Breite eines Ortes sehr verschieden ist. Da nämlich bekanntermafsen (wenn wir mit Cà da Mosto speziell von der Morgendämmerung reden wollen,) diese erst eintreten kann, wenn die mehr und mehr sich dem Horizonte nähernde Sonne nicht über $18^0$ von letzterem entfernt ist (im sogenannten Dämmerungskreis steht), — da ferner die in den Tropengegenden beinahe senkrecht über den Horizont emporsteigende Sonne die zwischen letzterem und dem Dämmerungskreise liegende Zone schneller durchlaufen mufs als in höheren Breiten, wo ihre scheinbare Bahn mehr oder weniger schräg zur Horizontalebene geneigt ist (mit ihr kleinere Winkel bildet), — so mufs natürlich am Äquator die Dämmerung am kürzesten sein und gegen die Pole an Dauer zunehmen. Aufserdem wird in den Äquatorialgegenden die Dämmerung noch dadurch erheblich in ihrer Dauer verkürzt, dafs daselbst die Atmosphäre in der Regel eine viel gröfsere Reinheit aufweist als in den gemäfsigten und Polarzonen, was die Lichtreflexion bedeutend abschwächt.

So kommt es, dafs z. B. in Cumana (Venezuela, $10^1/_2{}^0$ n. Br.) die Dämmerung in wenigen Minuten vorüber ist, während sie in Petersburg im Juni oft fast die ganze Nacht dauert [1]).

Cà da Mosto verleugnet aber auch hier seine bereits erwähnte Bescheidenheit nicht und gesteht unumwunden seine Unwissenheit, sowie sein Unvermögen zu, die gedachte ihm so auffällige Erscheinung in ihren Ursachen zu erklären: »Aber die vrsach dieses schnellen auffgangs der Sunnen des morges wyder die ordenung vnserer lande kane ich nicht wyssen wie es kume/ dann meines bedunckes darumb das das lande daselbst vast nider ist vnd hat nicht gebirge (?)« — und diese Ansicht teilten alle seine Schiffsleute. —

Weiters erregte während seines Aufenthaltes in den Tropen das Erstaunen unseres Reisenden — eine gewisse Anomalie in der periodischen Aufeinanderfolge der Gezeiten des Meeres. »Auch wo das Mere an allen (?!) andern orthen sechs stunde wechste/ so nimpt es ab oder bleybt aussen ander sechs stunde/ so wechst es aldo **vier** stunde vnd bleybt aussen **acht stunde**/ vnd ist ein sulliche vngestume an disen... marcken/ so das Mere wachste/ das es sam vnglaublich ist.... «.

Wenn Cà da Mosto, in dessen adriatischer Heimat sich der Wechsel von Flut und Ebbe — wie heute noch — so ziemlich regelmäfsig von 6 zu 6 Stunden und zwar mit sehr geringer Mächtigkeit [2]) vollzog, und der bisher nur (ein einziges Mal) auf einer Fahrt von Venedig nach Flandern die atlantisch-europäische Küste und die Nordseegestade, wo die Flutverhältnisse nicht sehr viel anders gelagert sind, besucht hatte, — an der auch in dieser Beziehung viel des Abnormen bietenden afrikanischen Küste seine Überraschung und sein Befremden nicht unterdrücken kann, darf uns dies durchaus nicht wunder nehmen. Im Gegenteil, das erscheint uns um so natürlicher

---

[1]) Vergl. Günther, Geophysik etc. pag. 137 und Cotta, Briefe über Alexander v. Humboldt's Kosmos, 3. Teil, pag. 117.

[2]) »In der Adria«, sagt Günther (l. c. pag. 384), »beträgt der Flutwechsel bei Brindisi durchschnittlich 0,19 m, bei Venedig 0,50 bis 0,60 m... Die Hochwasserhöhe bei Venedig hatte Toaldo, wohl zu grofs, für die Syzygien auf 3, für die Quadraturen auf 1,5 engl. Fufs angesetzt«.

und selbstverständlicher, als ja in bezug auf die Beobachtung und Erklärung des Gezeitenphänomens das Wissen des 15. Jahrhunderts noch auf einer recht tiefen Stufe stand, — eines Säkulums, in welchem noch die Hypothese, dafs Ebbe und Flut von »gasartigen Auftreibungen« des Meeres herrührten, ihre gläubigen Anhänger fand. »Erst im 16. Jahrhundert«, sagt Günther[1]), »finden wir einen erheblichen Fortschritt in der Beobachtung der Gezeiten, insoferne man die Modifikationen der Erscheinung durch lokale Besonderheiten zu studieren sich anschickte und .... für verschiedene Hafenplätze den Termin des Eintreffens einer bestimmten Tide tabellarisch fixierte«. Erst auf diese Art lernte man nach und nach verschiedene Unregelmäfsigkeiten des Gezeitenphänomens nicht blofs kennen, sondern namentlich auch auf ihre Ursachen: den Einflufs der Konfiguration der Landmassen, der Verschiedenheit der Seetiefen, der Meeresströmungen, entgegentretender Flufsmündungen und dgl. zurückführen. Trotzdem haben selbst die eingehendsten Untersuchungen bisher noch nicht alle Anomalien in der periodischen Wiederkehr der Gezeiten zu klären vermocht, namentlich bezüglich mancher Küstenpunkte Asiens, wo nach sehr präzisen Feststellungen z. B. in dem chinesischen Hafen Wusung das Steigen des Meeres je 4, dessen Fallen aber je 8 Stunden[2]) in Anspruch nimmt, — genau dieselbe Erscheinung, wie sie Cà da Mosto angeführtermafsen am Rio grande wahrnahm und bestaunte.

## Die Reise Pedro de Cintra's und Soeiro da Costa's im Jahre 1461.

Nach dem Tode des Infanten Heinrich des Seefahrers schickte der König Alfonso V. von Portugal 1461 unter der Führung des Pedro de Cintra (»Piero Sinzia«) und eines jungen mit Cà da Mosto befreundeten Portugiesen, Namens Soeiro da Costa, welcher letzteren auf seinen beiden vorbeschriebenen Reisen als Schreiber begleitet hatte, zu neuen Entdeckungen an der westafrikanischen Küste zwei bewaffnete Karavellen aus. Als

---
[1]) Günther, Lehrb. der Geophysik etc. pag. 382.
[2]) Günther, l. c., pag. 385.

diese von ihrer Fahrt wieder in den Hafen von Lagos zurückkehrten, war auch Cà da Mosto dortselbst anwesend, der seinen Freund in seinem Hause aufnahm und nach den mündlichen Mitteilungen desselben die von der erwähnten Expedition gemachten Entdeckungen beschrieb. Dieser Bericht Cà da Mosto's findet sich zuerst in dem 2. Buche der bereits erwähnten, 1507 in Vicenza erschienenen Reisebeschreibungen, betitelt: »Paesi novamente retrovati et novo mondo da Alberico Vesputio florentino«, und soll hier (um vorwürfige Arbeit nicht zu sehr zu verlängern,) ganz kurz in nachstehender Skizze zusammengefafst werden. — Nachdem Pedro de Cintra und seine Begleiter im Anschlusse an die Entdeckungsfahrt Cà da Mosto's v. J. 1456 — über die Bissagosgruppe hinausgesegelt waren, erforschten sie nach und nach die ganze, zwischen letzterem Archipel und etwa der heutigen Stadt Monrovia liegende Küstenzone. Die wichtigsten Punkte dieser Strecke, die fast sämtlich auf der mehrerwähnten Karte Benincasas verzeichnet sind, haben zu einem guten Teile die damals von den Entdeckern empfangenen Namen bis heute beibehalten und sind im wesentlichen folgende: 1. das Kap Verga (Capo deuerga) $10^0$ 12' n. Br.; 2. das Kap Sagres, ein kühn ins Meer vorspringendes Vorgebirge, »welches das allerhechste orthe were/ als sie es nie gesehen heten« und das sie so benannten, weil es durch seine natürliche Lage bei den Seefahrern die Erinnerung an die vom Infanten Heinrich beim Kap Vicente erbaute Veste weckte; 3. der St. Vinzenz- und 4. der »grüne« Flufs; 5. das Kap Liedo oder Allegro (»das fröhliche Vorgebirge«); von da an war die Küste gebirgig und hatte viele Meereseinschnitte (»vnd hat an allen orthen guten eingangk und gute gründe«), dort erhebt sich parallel zur Küste das 6 Meilen lange, mit Bäumen besetzte Gebirge Liona (Sierra Leone), von den Entdeckern so genannt »in hinsicht auf das grofse Geräusch, welches man beständig wie Donner hört auf (?) seinem immer von Wolken umhüllten Gipfel«; 7. Kap und Flufs Rosso mit der roten Insel (isoleta rossa); 8. Flufs Santa Maria; 9. Flufs und Kap Santa Anna; 10. der Palmenflufs; der Rio de li fiumi (»das orthe der flusse/ wann als sie es funden an diesem gantzen strame sahen sie nichtzit dann flusse in denselbigen landen«); 11. das Kap del Monte und das Kap Cortese, 12. das Kap Mesurado (Montserrado) ungefähr $6^{1}/_{3}^{0}$ n. Br. Von da an erstreckte sich 16 Meilen lang an der ebenen Küste ein grofser Wald, hinter welchem Cintra und seine Begleiter ankerten und den sie den »waldte Sant Marie zum ende« (el boscho d' Scā Maria finis« oder »l'Arboreto di Santa Maria«) nannten, denn über diesen Ort hinaus (circa $5^0$ n. Br.) »ist keyn schyffe weytter hinein kumen/ seythe ich (Cà da Mosto) bin weggezogen von Hispania (nach Venedig)/ das was an dem ersten tage des hornungs Im 1463 jare«. — So war der Stand der portugiesischen Entdeckungen an der Westküste Afrikas im Jahre 1463, welche übrigens noch vor Ende des Jahrhunderts von Männern wie Santarem und Escovar, Azambuja und Diogo Caŏ (Behaim), insbesondere aber durch Bartholomäus Diaz und Vasco de Gama allmählich bis zum langersehnten Indien fortgeführt werden sollten.

### Der Portulan Cà da Mosto's.

Wie Sophus Ruge in seinem Aufsatze: »Die Litteratur zur Geschichte der Erdkunde in den letzten 10 Jahren vom Mittelalter an« (Geogr. Jahrbuch 1895, pag. 41) angibt, hat ein Glied des Hauses da Mosto, der jetzt noch in Venedig lebende Monsignore Andrea da Mosto, in einer Abhandlung (»Il portulano attribuito ad Aloise de Cà da M.« 1893)[1]) den Nachweis geliefert, dafs auch der älteste aller gedruckten Portulane (v. J. 1491) ein Werk unseres venetianischen Reisenden ist. Von demselben ist blofs ein einziges Exemplar der ersten Ausgabe mehr vorhanden, welches in der Bibliothek von S. Marco aufbewahrt wird und das am Ende die Worte enthält: »Finito lo libro chiamado portulano composto per un zentilomo veneciano lo qual a veduto tute queste parte antiscrite, le quale sono utilissime per tuti i navichanti, che voleno accuramente navichar, con lor navilj, in diverse parte del mundo«. Ebendeshalb, weil jener Portulan — den vorstehenden »Widmungs-

---

[1]) Abgedruckt im Boll. della soc. geogr. ital. 1893 (Juni und Juli), p. 540.

worten« entsprechend — in der That für die Seeleute des (15. und) 16. Jahrh. ein höchst wertvolles Hilfsmittel auf ihren Fahrten bildete, haben die in demselben enthaltenen genauen Segelanweisungen bald auch in die verschiedenen Seebücher anderer Nationalitäten teilweise Eingang gefunden, und insbesondere scheint das sogenannte »Niederdeutsche Seebuch« der Hanseaten erst aus dem Portulan Cà da Mosto's hervorgegangen zu sein, da letzterer zu einzelnen Abschnitten jenes Seebuches fast genau im selben Verhältnisse steht wie Original und Übersetzung [1]).

## Cà da Mosto's Rückkehr nach Venedig; sein Tod.

Zwei Jahre nach seiner (wie er selbst angibt) am 1. Febr. 1463 erfolgten Rückkehr in seine Geburtsstadt vermählte sich der damals 33jährige Cà da Mosto mit Elisabeth Veniero, einer Dame aus vornehmer venetianischer Familie. Über seinen weiteren Lebensgang und seine Wirksamkeit in Venedig ist uns, obgleich in dieser Beziehung in den Bibliotheken und Archiven jener Inselstadt die eifrigsten Nachforschungen angestellt worden sind, nichts bekannt geworden. Jedenfalls scheint Cà da Mosto, sei es durch die vorteilhaften Ergebnisse seiner beiden Afrikareisen, sei es infolge seiner Heirat, seine Verhältnisse ziemlich konsolidiert zu haben; denn wir vernehmen nirgends, dafs er, obwohl er doch ein verhältnismäfsig noch recht junger Mann war, später weitere Seefahrten und Entdeckungsreisen, die ja damals bekanntlich zum grofsen Teile des materiellen Gewinnes wegen unternommen wurden, ausgeführt hätte. Oder sollte unser Venetianer, wie so mancher der neuzeitlichen Afrikareisenden, auch dem Tropenklima des schwarzen Kontinents seinen Tribut haben bezahlen müssen und frühem Siechtum verfallen sein? Wenigstens berichtet der durch seine Forschungen auf dem Gebiete der historischen Erdkunde und mittelalterlichen Kartographie wohlbekannte Kardinal Zurla, dafs Cà da Mosto schon im kräftigsten Mannesalter — mit 45 Jahren — gestorben

---

[1]) Vergl. Th. Fischer, Sammlung mittelalterlicher Welt- und Seekarten etc. pag. 72—74, wo sich auch einige Beweisstellen aus Cà da Mosto und dem Seebuche angegeben finden.

sei (1477). Derselbe beruft sich auf eine Stelle eines ihm zugänglich gemachten Manuskriptes, betitelt: »Vera origine della città di Venezia«, welche (es ist dort von Männern die Rede, die durch ihre Schriften berühmt geworden sind,) ausdrücklich besagt: »Im Jahre 1477 hat Alvise da Mosto, ein Mann von sehr grofser Erfahrung in Seedingen, einen Bericht über eine Reise nach dem Senegal und nach Äthiopien hinterlassen«. Diese seine Reiseberichte, seine Detailschilderungen über bis dahin der Menschheit noch ganz unbekannte Länder und Völker Afrikas, haben auch in der That bei seinen Zeitgenossen das gröfste Aufsehen erregt und verdiente Anerkennung gefunden, — viel mehr jedenfalls, als unsere gegenwärtige, mit afrikanischer Reiselitteratur übersättigte Zeit wohl ahnen mag. Aber auch heute noch gelten dieselben als eines der wichtigsten Quellenwerke für die Kenntnis und Beurteilung der geographisch-ethnographischen Verhältnisse Nordwest-Afrikas zur Zeit der ersten Entdeckungen. Wenn gleichwohl — wie wir des weiteren ausgeführt haben — die von Cà da Mosto in seinem Berichte erhobenen Ansprüche auf den Ruhm eines »Entdeckers der Kapverden« inbezug auf deren Glaubwürdigkeit stark bekämpft wurden, — wegen einiger Widersprüche, die offenbar auf späterer Verstümmelung oder · Entstellung des Originalmanuskripts beruhen, — so hoffen wir durch die beigebrachten Gründe zur Beseitigung der letzteren, sowie zur Entkräftung der diesbezüglichen Einwände und damit zur Ehrenrettung des vielfach und schwer angegriffenen Venetianers nach Kräften beigetragen zu haben. Freilich eine absolut befriedigende Lösung jener unleugbaren Widersprüche in den verschiedenen Textausgaben und eine völlige Vereinigung der widerstreitenden historiographischen Meinungen wird sich, wenn nicht etwa noch Urkunden vorgefunden werden, die die Wahrhaftigkeit seiner Ansprüche aufser allen Zweifel stellen, wohl nie ermöglichen lassen, und Cà da Mosto sonach voraussichtlich stets ein Mann bleiben, von dem man mit dem Dichter sagen mufs:

Es »schwankt sein Charakterbild in der Geschichte«.